音楽が聴けなくな

台真司 Miyadai Shinji
田夏来 Nagata Natsuki
がりはるき Kagari Haruki

a pilot of wisdom

はじめに

永田夏来

日本のテクノバンド、電気グルーヴのメンバーで最近では俳優としても活躍しているピエール瀧さんが、麻薬取締法違反の疑いで２０１９年３月12日火曜日の深夜に逮捕されました（同年６月判決後、７月に懲役１年６月、執行猶予３年で有罪が確定）。この一報を聞いてショックを受けた方も多いでしょう。ただ驚いただけでなく、やるせない気持ちになったのは私だけではないはずです。

しかし本当に衝撃的だったのは、逮捕翌日の出来事かもしれません。この件を受け、株式会社ソニー・ミュージックレーベルズが、既に発表済みとなっている電気グルーヴの全ての音源・映像の出荷停止、在庫回収、配信停止を発表しました。これにより、新たにＣＤやＤＶＤが買えなくなり、ネットオークションサイトなどでは高値で取り引きされる事態となりました。また、最近の音楽の聴き方として定着しつつあるサブスクリプション（定額聴き放題）などで聴き放題の Spotify、Google Play Music、Apple Music、Amazon Prime Music などでも、一斉に電気グルーヴの楽曲が聴けなくなったのです。

今まで当たり前のように聴けていた音楽が、突如聴けなくなる。CDを買いたいと思っても買えず、転売と見られる業者が不当な利潤を得ている。そして毎月お金を払っているにもかかわらず、聴きたい曲が聴けなくなる。こうしたことは果たして「当たり前」なのでしょうか。

私は大学で社会学を教えていて、その際学生に必ず伝えていることがあります。それは、「現時点で自明と信じられている常識を疑うことで、社会が見えてくる」という姿勢です。常識は社会秩序の一部ですが、それは特定の誰かにとって都合が良い秩序であり、発言力が弱い立場にいる別の誰かを抑圧する機能を必ず併せ持ちます。

作品回収・販売停止は、少なくないコストをかけて企業収入を自ら断つという選択です。決して小さな決断ではないはずです。それがこれほどスムーズに決まってしまうのは、なぜなのか。もしかすると「売るな」という声が不当に重用され、それと異なる意見が抹殺されているのではないか。

音楽家の坂本龍一さんは、本件を受けてツイッターで「なんのための自粛ですか？電グル（＝電気グルーヴの略称）の音楽が売られていて困る人がいますか？」と問いかけました。おっしゃる通りだと思います。困る人がいないのに、わざわざ自粛する。これは「異常な事態」のように思えます。

これらを踏まえて、私、社会学者である永田夏来と、音楽研究家のかがりはるきさんは、電気グルーヴの全ての音源・映像の出荷停止、在庫回収、配信停止の「撤回」を求める署名活動を3月15日金曜日に開始しました。この活動は高い関心を集め、最初の1週間で6万人の署名を達成しました。これは私たちが利用したネット署名システム「change.org」でも記録的な結果だったと聞いています。その後4月10日までを区切りとして、27日間で世界79カ国から、6万4606人もの方々の署名をいただきました。「売らない」という姿勢に対する異議は、少なくとも6万人を超える方々からの賛同を得たのです。正直に言うと「署名は1万もいけば嬉《うれ》しいな」ぐらいの感覚でしたので、全く予想外の動きでした。

そして4月15日に私とかがりさん、さらに賛同人として、首都大学東京（現東京都立大学）教授の社会学者・宮台真司さん、ミュージシャンの巻上《まきがみ》公一さん、同じくミュージシャンのダースレイダーさんと共に、世界中から集まった署名をソニー・ミュージックレーベルズに提出しました。

ただし、私たちの主張は「電気グルーヴの作品だけ大目に見てほしい」というものでは全くありません。「今回の件をきっかけに、作品を回収するなどということをやめて、自粛のあり方自体を見直してほしい」と願っています。

ところで、自粛がこれほどまでに広まったのは、平成に入ってからだといっていいでしょう。

「自由で多様になり、選択肢が広がった」結果として、逆に「自縛的になり、画一的な決定をする」という現象は注目に値します。社会学に「再帰性」という概念があります。個人や集団あるいは制度などが自らのあり方を振り返り、情報を参照しながら修正していくことです。そしてこの再帰性が高まりすぎると、他者の視線に敏感になりすぎてしまうと言われています。

宮台真司さんは、周りの様子を気にして早々に自粛を決めた今回の企業姿勢を「キョロメ企業」と評しました。多くの学者や識者が、近年、様々な場面で再帰性が高まっていることを指摘しています。このことが却《かえ》って選択を疎外しているのではないか。自粛の広まりと再帰性の高まりについて論じたいと思います。

一方で、自粛後の様々な論戦、言説にも注目していきます。中でも当事者である電気グルーヴの石野卓球さんのツイートは注目を浴びました。石野卓球さんが徹底してピエール瀧さんを「友達だ」と言い続けたことはとても重要です。90年代以降の若者文化における居場所のなさとその結果としての多元的な自己、多元的なアイデンティティのあり方が問い直されています。他者との全人格的な関わりと共同体への帰属のあり方もまた、今回の一件で強く意識したことです。

「反社会的勢力とのつながりを絶つため」「薬物に厳しい姿勢を取ることが日本の良さだ」「本人がまた薬物をやらないためにも、お金を渡す訳にはいかない」。回収・販売停止を支持するいろいろな意見が存在しているのも確かです。そこには一定の説得力を持つものも、当然含まれます。しかし同じことを繰り返していて、発展性はあるのでしょうか。これまでのことをどう考え、どのように今後につなげていけば良いのか。発起人である私、同じく発起人で自粛の歴史をつづる音楽研究家のかがりはるきさん、それに音楽を含むアートと社会の関わりを学術的に解説する社会学者の宮台真司さんの三人が、それぞれの立場から探っていきます。

なお、前述した坂本龍一さんからは、本書のために熱のこもった推薦文をいただきました。あの世界の「サケノメサカモト」からご推薦をいただけるとは！　感謝感激です。そしてもちろん、署名活動の賛同人として本当にご助力いただいた巻上公一さん、ダースレイダーさんにも、心からの謝意を捧《ささ》げたいと思います。

目次

第一章　音楽が聴けなくなった日

永田夏来

第一節　ピエール瀧逮捕で電気グルーヴが聴けなくなる

ピエール瀧逮捕の衝撃

２０１９年３月12日火曜日の深夜、コカインを使用したとして麻薬取締法違反の疑いでピエール瀧さんが逮捕されました。

厚生労働省の麻薬取締部が瀧容疑者の自宅を捜索。任意同行を求め尿検査を実施したところ、コカインの陽性反応が出たということです。また、調べに対して、「コカインを使用したのは間違いありません」と当初から容疑を認めていたことも報道されています。

逮捕を知った時のショックは、大変大きなものでした。ピエール瀧さんは俳優や声優としても高い評価を得ていて、活動の幅を大きく広げていた時期だったからです。ＮＨＫ大河ドラマ「いだてん」をはじめとした大きな仕事をたくさん抱えているのに、このタイミングで逮捕とは。第一報を深夜のツイッターで見つけた私は、瀧さんに関する情報を探して茫然《ぼうぜん》としながらパソコンに張り付いていました。

私は家族の多様化や妊娠・結婚などについて調査研究をしている社会学者ですが、それとは関係なく熱心な電気グルーヴのファンです。ＣＤやグッズの購入はもちろん、ライブにもかなりの頻度で行きますし、身の回りには電気グルーヴの音楽が当たり前のようにいつも流れています。

知り合いみんなにおおいに自慢したことの一つに、２００４年に発売されたライブＤＶＤ「ニセンヨンサマー～LIVE & CLIPS～」に「出演」（！）したという経験があります。といっても実際には、単にこのＤＶＤに収録されている北海道の夏フェス「RISING SUN ROCK FESTIVAL2004 in EZO」に、ほぼ最前列で踊っている観客として映り込んでいるというだけの話なんですが……。

長年電気グルーヴを追い続けていた身からすると、彼らは確かに「無茶苦茶」なキャラクターではありますが、一方で自分たちの状況を客観的に眺めることができる「賢さ」を持つ人たちでもあります。なので、キャリアが円熟しつつあるこの時期に麻薬取締法違反で逮捕されるというのは率直に言って意外でした。

驚いたことのもう一つが、コカインという薬物の種類です。国内でも自生している大麻とは違い、コカインは流通ルートなど、知識や人脈がないと入手は困難だと考えたからです。

要するに、コカインで逮捕されるピエール瀧さんというのは、これまで自分が抱いていた「ピエール瀧像」とは違いすぎたのでした。

翌日から始まった報道合戦は、さらに驚くべきものでした。ワイドショーは大きな扱いで電気グルーヴの曲をBGMとしながら「それまでにおかしな態度や行動はなかったのか」といった後付け取材を始めました。「音楽業界におけるドラッグの蔓延《まんえん》」といった極めて一面的な伝え方、さらには「コカインとは何か」「どのように使うのか」など薬物に対する興味を煽《あお》っていたり、報道として問題があると思われるものが数多く見られました。

ピエール瀧さんが関係していたメディアの反応にも違和感を覚えました。当時放映中だった大河ドラマ「いだてん」をはじめとしたこれまでの出演作について、NHKはオンデマンドでの配信停止を決定しました。静岡朝日テレビは、静岡県出身のピエール瀧さんが司会を務めていた「ピエール瀧のしょんないTV」の休止を即座に発表しました。また、「ピエール瀧のしょんないTV」と静岡県藤枝市のコラボ企画として、やはり静岡県出身である漫画家・しりあがり寿さんがピエール瀧さんの似顔絵を描いたマンホールの蓋が市内3カ所に設置されていたのですが、逮捕の翌々日にはもうこれを撤去したそうです。SEGAもピエール瀧さんが出演しているプレイステーション（PS）4用のゲームソフト「JUDGE EYES：死神の遺言」の販売を当面の間自粛すると逮捕翌日に発表しました。

昨日まで普通にテレビやラジオに出演していた人が、有罪判決どころか起訴もまだされていないにもかかわらず、まるで極悪人のような扱いを受けたのです。

不祥事を起こした芸能人・著名人がバッシングされる例はこれまでにもたくさんありました。私自身「やむを得ない」と受け入れていた部分があります。しかし今回、それなりに内容を知っている作品などが次々と一律に自粛されるのを見て、これは本当に必要な対処なのか?と考えるようになりました。さらにいえば、有罪が確定したとしても、テレビなどでどのような取り上げ方をしてもいい訳ではありません。このことはのちほど「『薬物報道ガイドライン』についで」の項目で触れたいと思います。

まさかの自粛……電気グルーヴの曲が聴けない

私の危機感に追い討ちをかけたのが、ピエール瀧さんが逮捕された翌日の13日水曜日、ソニー・ミュージックレーベルズによる、電気グルーヴの音源・映像の出荷停止、在庫回収、配信停止の発表でした。私自身は電気グルーヴの音源・映像はほぼ持っていますので、停止・回収されても実のところ全く困りません。しかし、彼らの作品は当面買えなくなってしまいました。

ここでの問題点は大きく分けて三つあります。

一つめは、「電気グルーヴはピエール瀧さん一人のものではない」ということ。

電気グルーヴはピエール瀧さんと石野卓球さんの二人組で、特に音作りに関しては、実質的には石野卓球さんがほぼやっていると言っていいでしょう。ピエール瀧さんの逮捕による自粛ということで、石野卓球さんも自粛の対象になってしまう。連帯責任という言葉がありますが、私にはとんだとばっちりとしか思えません。

さらにいえば、そのとばっちりを受けるのは石野卓球さんだけではありません。過去の電気グルーヴの作品、例えば「虹」「Nothing's Gonna Change」などに参加された五島良子《ごしまよしこ》さんの美しい歌声や、90年代の電気グルーヴ黄金時代ともいえる時期にメンバーだった「まりん」こと砂原良徳さんが作った繊細で職人的な楽曲や、同世代のヒップホップグループであるスチャダラパーと共同で作った作品なども、「ピエール瀧さんが逮捕されたから」という理由で封印されたのです。まさに「虹」の歌詞でいうところの、「遠くて近い、つかめない」状態になってしまいました。

二つめは、「配信停止」という部分についてです。

最近は音楽の聴き方としてはサブスクリプション、つまり月に定額で1000円程度を支払うことで、自由に曲を聴けるサービスが充実してきています。しかしこれらサブスクリプションのSpotify、Google Play Music、Apple Music、Amazon Prime Music、AWA、LINE MUSICなどでも、一斉に電気グルーヴの楽曲を聴くことができなくなったのです。コンテンツを「所有している」訳ではないサブスクリプションは、法律的にはレコード会社や配信元による停止や変更に対して権利主張ができないそうです。確かに現在の法律ではそうかもしれません。しかし、新しい音楽視聴スタイルがせっかく確立しつつあるにもかかわらず、CDやDVDと横並びの対応というのも安直すぎるように思います。また、日本の企業であっても世界的な配信サービスにコンテンツを提供しているのですから、国際的に説得力のある運用をしてほしいように思います。

三つめは、そもそも「罪を犯した人の作品をなぜ回収・停止してしまうのか」という点です。人間は無垢な存在ではありません。中には刑罰を受ける人もいるでしょう。しかし刑罰とはそれまでの人生を否定することではないはずです。罪を犯した人は、そのあと悪の温床になるような点を更生しつつ、これからの生活を組み立てていかなくてはなりません。電気グルーヴの音楽を聴けなくすることは、ピエール瀧さんの更生につながるのでしょうか。

「はじめに」で触れたように、音楽家の坂本龍一さんは3月15日、ツイッターで「なんのための自粛ですか?電グルの音楽が売られていて困る人がいますか?」とつぶやきました。また、これはNHKの放送自粛に関してですが、連続テレビ小説「あまちゃん」や大河ドラマ「いだてん」の音楽を手がけた大友良英さんは、坂本龍一さんのツイートに「坂本さんの言う通り。作品を裁いてどうするのか」と同意した上で、「犯した罪を裁くのは司法であるべきで番組の自粛では何も解決しない」とツイートしました。

こうした意見に対しては「薬物事件には社会的制裁が必要」とか「薬物を濫用した人に厳し

いのが日本のやり方」などという反論を持ち出す方もいるでしょう。そのような方策が本当に薬物の濫用防止になるのかについては、のちほど論じたいと思います。

署名活動をした理由

ピエール瀧さんが3月12日の夜に逮捕され、13日にはワイドショーが一斉にこの問題を扱い、ピエール瀧さんの関わってきた作品やテレビ番組が次々に自粛を発表、そして同じく13日に所属レコード会社が作品の回収、出荷停止、配信停止を発表しました。

この流れの中で、どうしても見過ごせない「自粛」が3月14日に発表されました。それは、石野卓球さんのクラブイベントに関するものです。

北海道虻田郡倶知安町《あぶたぐんくっちゃんちょう》で行われる予定だった「Pump It Presents Takkyu Ishino」について、所属事務所であるソニー・ミュージックアーティスツと会場側が協議をした結果、出演を見合わせるとの発表がこの日なされたのでした。これを受けて石野卓球さんはツイッターで、ただひと言「だとよ」とだけつぶやいていています。

このイベントには他の出演者の方もいて、会場もそれほど大きくはないため、報道陣が殺到するなどして予測のつかない事態になる可能性もある。それが出演を見合わせた理由だそうです。安全管理という点からこうした判断が下されることはやむを得ないという意見もあるでしょう。しかし、地方に住むテクノ愛好者やＤＪにとって、石野卓球さんのように吸引力がある人が来てくれるのはとても大切な機会のはずです。そして彼のような人が地方でプレイすることは、国内における音楽シーンの基盤作りにつながっていくのではないでしょうか。石野卓球さんは恐らくこのことを自覚していて、日頃から地方の小さなクラブを細かく回っておられます。このような地道な文化活動が、メディア・スクラムの阻止のために潰されたのは良いとは思えません。警備を増強してでも、音楽を自由に楽しむ空間を守ってほしかったと思います。

何が正解で、何が不正解なのかは永遠に分からないかもしれません。しかしこの石野卓球さんの出演キャンセルで、私の中の何かに火がつきました。「事なかれ主義」に音楽の現場が押し切られてしまうのならば、リスナーが異議を唱えれば良いではないか。これをきっかけに、日本社会の事なかれ主義そのものを見直すことはできないだろうか。もしかしたらこれはピンチではなくチャンスかもしれない。という訳で始まったのが、「はじめに」でも述べた署名活動でした。

3月15日金曜日から始めた「電気グルーヴの音源・映像の出荷停止、在庫回収、配信停止を撤回してください」と題した署名活動は高い関心を集め、最初の1週間で6万人を達成しました。そのあと、4月10日の深夜0時までを区切りとして、27日間で世界79カ国から6万４６０６人もの方々の賛同を得ました。そして4月15日、段ボール箱数箱にもなる大量の署名を、ソニー・ミュージックレーベルズに提出しました。

署名活動を実施する際に考えたのは、以下の三つです。

一つめは、「作品を聴く自由をリスナーから奪っている」ということです。発表された作品は作り手だけではなくて、受け手の財産でもあるはずです。今回の逮捕を受けて、映像作品ではいくつか注目すべき決定がありました。東映による「麻雀放浪記２０２０」はピエール瀧さんが出演した部分も含めてノーカットで公開されました。また、「いだてん」や「あまちゃん」では自粛ムードに乗ってしまったＮＨＫですが、その子会社の株式会社ＮＨＫエンタープライズはピエール瀧さんが出演している「64 ロクヨン」と「あまちゃん」のＤＶＤ販売を継続しました。受け手に決定権を委ねるような措置といえます。これらの作品と同様に、音楽でもリスナーが好きな音楽を選ぶ自由を回復してほしいと考えました。

二つめは、「高額での転売を呼び起こしてしまっている」ということです。電気グルーヴのＣＤやＤＶＤは出荷停止、在庫回収が決まった直後から、不適切といえる非常に高い金額で転売され始めました。これは文化のあり方としては極めてゆがんだ形ですし、さらに反社会的勢力の資金源になる可能性も否定できません。

これに加えて、サブスクリプションの問題もあります。特に電気グルーヴには海外のファンも多く、アメリカから２５６名、オーストラリアから61名、イギリスも61名、ドイツから50名と様々な国の方々から賛同をいただきました。これら海外では、そもそもCDを入手するのが困難な場合も多いでしょう。サブスクリプションへの配信停止をすると、彼らは電気グルーヴが聴けなくなるかもしれません。

三つめは、「ピエール瀧さんの薬物依存からの回復を妨げる可能性がある」ということです。

「薬物報道ガイドライン」について

作品の回収、出荷停止、配信停止は、ピエール瀧さんの回復とどう関係するのでしょう。「薬物報道ガイドライン」には、「薬物依存症であることが発覚したからと言って、その者の雇用を奪うような行為をメディアが率先して行わないこと」が挙げられています。つまり、排除はむしろ逆効果であり、本人を受け入れる場所が用意されていることが回復の手助けになるというのがここでは前提とされているのです。

「薬物報道ガイドライン」は、2017年、ASKAさんに対する過剰な取材・報道を受けて「依存症問題の正しい報道を求めるネットワーク」が発表した薬物報道のあり方についてのガイドラインです。精神医学的な知見からも、また国際的な薬物報道の基準から見ても、妥当な内容となっています。

このガイドラインには、例えば以下のようなことが示されています。

・「白い粉」や「注射器」といったイメージカットを用いないこと
・薬物への興味を煽る結果になるような報道を行わないこと

これらの項目は説明しなくても明確です。依存症からの回復を目指す人にとって、いずれも恐ろしい誘惑となり得るのは考えるまでもないでしょう。また、依存症ではない人の興味をかきたててしまうケースも充分考えられます。注射器や白い粉、果てはピエール瀧さんが行ったとされるコカインの使用法のイメージまで放送したワイドショーがあったと聞いていますが、猛省を促したいところです。

さらに、薬物の使用は違法ですが、薬物への依存は犯罪以前にまずそれ自体が病気であるという前提も重要です。ガイドラインでは次のように定めています。

・依存症については、逮捕される犯罪という印象だけでなく、医療機関や相談機関を利用することで回復可能な病気であるという事実を伝えること

ここで示されている「病気だから罪を犯している」という順番を理解すれば、薬物使用者が

更生するためにはまず薬物依存からの回復が必要だと気づくことができます。こうした考えは海外では当たり前に根付いていて、アメリカでは薬物やアルコールなどの依存症と闘った自らの経験について積極的に話をする俳優やミュージシャンがたくさんいます。こうした姿勢は、自分自身はもちろん、同じ病気に苦しむ人を励ますことにつながると見做《みな》されています。

「違法薬物の取り引きは反社会的勢力の収入源になっている」として、「違法薬物を入手・使用してきた人物の著作物を販売しないことで反社会的勢力へ資金が流れないようにするのは、レコード会社として適切な対応なのではないか」という意見が聞かれます。しかし、「病気だから罪を犯している」という順番を理解すれば、「金があればまた薬物を買うかもしれない」というのはおかしな話だと気づくことができるはずです。更生への道を閉ざすような措置は、病と向き合う機会を失わせ、結果として再犯につながる可能性が考えられるからです。

もう一つ、「薬物に厳しいのは日本社会の良さだ」という意見をよく聞きます。これも「薬物報道ガイドライン」の理念から見れば、排除や厳罰はむしろ逆効果であり、本人を受け入れる場所が用意されていることが回復の手助けになるということが分かります。

署名は順調、しかし難問が

さて、署名は当初の1週間だけで6万筆を超すという信じられない順調ぶりを見せました。

そもそも署名を始める時にこんな数字は予想していませんでした。私は新潟県の苗場スキー場で開かれるフジロック・フェスティバルが大好きなのですが、その会場内にあるいくつかのステージの収容人数が脳内に飛び交っていました。

「こういうテーマが好きな人が集まる場所といえばジプシーアヴァロン、キャパは1000人か。いやなんとか頑張ってレッドマーキーかフィールドオブヘヴンの5000人集まったら嬉しいな。さすがにホワイトステージの1万5000人は無理だよな。グリーンステージの4万人は、……夢のまた夢だろうな」（分からない人、ほんとすみません……）

しかし署名はあれよあれよと増えていき、あっというまに「夢のまた夢」、例えばアンダーワールドが「ボーン・スリッピー」をプレイしているような超満員のグリーンステージをもしのぎ、6万人の大台に乗りました。カール・ハイドを上回ってしまった！

先ほど、海外の方からの協力があったと述べましたが、実は他にも強力な援軍が現れました。まずは、東京の放送局、TBSラジオです。瀧さんが逮捕された翌日の13日水曜日、夕方のニュース情報番組「荒川強啓《きょうけい》 デイ・キャッチ！」で、「薬物報道において必要な視点とは」と題してプチ鹿島さんが薬物報道で注意すべき点をすぐさまお話ししてくれました。

さらに翌日14日、司会者の荒川強啓さんがニュースを伝える前にまず、「違法薬物の使用は犯罪であると同時に依存症ならば病気でもあり、回復可能である」という前提をしっかり伝えていました。コメンテーターである山田五郎さんは「電気グルーヴのＣＤやＤＶＤの販売中止と店頭からの回収」「電気グルーヴのもう一人である石野卓球さんの北海道でのイベント中止」などについて、行き過ぎた自粛だと批判。そして最後に荒川強啓さんが薬物依存の相談窓口を紹介するという、パーフェクトな対応を聞かせてくれました。

夜のニュース番組である「荻上チキ・Session-22」も14日の放送で「薬物報道ガイドライン」について、ピエール瀧さんの逮捕を受けて改めて取り上げました。さらに15日の「デイ・キャッチ！」でも、コメンテーターでこの本の共著者でもある宮台真司さんが、舌鋒《ぜっぽう》鋭くコメントしてくれたのです。放送直後に署名が驚くほど伸びたのを見て、マスメディアが持つ世論への訴求力を改めて実感しました。

ネットメディアからも助け船がありました。それが「DOMMUNE」です。

「DOMMUNE」とは、アーティストの宇川直宏さんが２０１０年3月1日に開局した、日本初のライブストリーミングスタジオ兼チャンネルです。基本的にはいわゆるクラブ形式でＤＪがその日のテーマに沿って音楽をかけつつ、トークを挟んだり、あるいはがっつりトークだけで攻めたりすることもあります。元々ＶＪの宇川さんだけあり、クラブカルチャー色の濃い自由な空間として高い評価を集めています。私も大好きなメディアです。

そんな「DOMMUNE」がピエール瀧さん逮捕と電気グルーヴの作品回収、出荷停止、配信停止を受けて3月26日に行ったのが、「『DJ Plays〝電気グルーヴ〟ONLY!!』5HOURS!!!!! BROADJ #2703 WHO IS MUSIC FOR? MUSIC IS FOR EVERYONE!」でした。その名の通り、5時間にわたって電気グルーヴの音楽だけをDJがかけ続けるという番組でした。

お店に行っても買えない、配信も停止されている。そんな状況を逆手にとった快哉《かいさい》を叫びたくなる番組でしたが、同じことを感じた視聴者も多かったようで、番組はビューワー数がなんと46万以上を記録。全世界のツイッターのトレンドランキング上位に入るなど大きな話題となりました。

「DOMMUNE」と同じく強力な援軍になったのは、ちょっと意外な人たちでした。

それは、ASKAさんのファンです。誰もが知っている超大物アーティストの音楽を愛好する人たちが、どうしてもマイナーなイメージがある電気グルーヴのファンと連携できるというのは、こう言ってはなんですが最初はちょっと不思議な感じもありました。しかし署名に寄せられたコメントを見ると、ASKAさんのファンと名乗る人がとても目立つのです。「電気グルーヴは一度も聴いたことはないのですが、早く以前みたいに自由に聴けるようになることを願っています」との真摯なコメントもいただきました。2014年、覚せい剤取締法違反でASKAさんが逮捕されたことを受けて、「CHAGE and ASKA」やASKAさんソロのCDやDVDなどが出荷停止となり、回収されました。そのような体験をしたからこそ、今回の電気グルーヴの件についても同じように怒り、協力いただけたのだと思います。

このような形で、署名は順調に集まりました。次にやるべきことは、一緒に行動してくれる賛同人を探すことです。ミュージシャンに賛同人をお願いできれば、たくさんの協力をいただいた署名をより広く世の中に届ける道につながると考えました。

ミュージシャンに断られた理由の数々

署名活動の中で最も難しかったのが、この賛同人探しでした。いろいろな手を尽くして「この人は！」と思えるミュージシャンにお願いをしましたが、なかなか了承いただけません。丁寧にお断りのメールをくれる方や「立場上賛同はできないが……」と言いながら相談に乗ってくれた方、連絡が行き違って「賛同してもよかったのに」と後日わざわざメールをくれた方もいました。しかしやはり一番多いのは、返事がない方です。普段から社会的な発言に積極的なミュージシャンであっても、ご本人の意志なのか事務所の意向なのかは分かりませんが、連絡がありません。

この経験から「もしかして、音楽関係者と大手レコード会社の関係は想像以上に微妙で、異議申し立てをするのはかなり大変なことなのでは」と遅まきながら気づくことができました。それを端的に表すのが実際にあるミュージシャンから返って来た「近すぎて無理」というお返事でしょう。

こちらは長年のファンなので、電気グルーヴと接点があるミュージシャンは人柄も含めてある程度知っているつもりでした。ですので、信頼関係さえきちんと作ることができれば彼らが共に行動してくれるのではないかと無邪気に信じていた節があります。電気グルーヴがたびたび出演しているフジロックを主催する株式会社スマッシュ代表の日高正博さんは「薬物使用に関しては許される事では無いが、彼らの作品を販売中止にするのはおかしいじゃないか」と3月18日にコメントを出している方で、その最後はこう結ばれています。「問題が解決したら仕事をしたいと思っている。友達なんだし、素晴らしいアーティストなんだから、そう思うことは当たり前だろう」。私の好きな音楽を作っている人たちは、当然こういう考えを持っているのだと思い込んでいたのです。

しかし、実際はそうではありませんでした。「レコード会社やマネジメント会社の具体的な顔まで浮かぶから、その人たちに対して異議申し立てをする気持ちになれない」「身内をかばっていると思われたくない」という理由で断りがあったのは、事情は理解できるもののとても悲しいことでした。

そんな中で、お二人のミュージシャンが賛同人となってくれました。バンド「ヒカシュー」の巻上公一さんと、ラッパーのダースレイダーさんです。

巻上さんは、間に入って下さる方が全くいなかったので、私がお願いのご連絡を直接差し上げました。突然の申し出に対する第一声が「僕にこの話がまわってきたということは、誰も受けてくれないということですね」という内容で、とても驚きました。ミュージシャンが萎縮せざるを得ない国内の音楽状況を、巻上さんは全てお見通しでした。そんな巻上さんは、ミュージシャンが賛同人を受けてくれないことについて、このように語ってくれました。

「たくさんのミュージシャンにもっと賛同してもらったほうがたぶん力になると思うんですけど、自分のことだから本当はもっと分かってほしいんですけどね。自分が、本当に一時停止違反ぐらいで自分のCDが回収されるなんてことも、これからあるかもしれない。そういうことを考えたら、これいい機会なので、そういうことを考えて、事務所や、それからレコード会社のこと考えずに、自分の意見として言えるような人になってもらいたいと思います。本当に。悲しいよ」

一方、ダースレイダーさんは早くから署名に賛同してくれていたミュージシャンの一人です。脳梗塞の合併症で片方の目が見えていないことを逆手にとり、かっこいい眼帯をつけて、とても知的な語り口が印象的です。宮台さんが「社会は法よりも大きい」「表現は法より大きい」

として、表現に対する社会による扱いは法による扱いよりも寛容であるべきだ（本書P140〜141参照）、と述べたことを受けて、このように話してくれました。

「やっぱり作品というのがどういったもので、所属レーベルだったり、レコード会社がそもそも自分たちが扱っているものはなんなのか。先ほど宮台さんが、社会より大きいものとしての表現っていうものを扱っているんだということをもう1回考え直したときに、自分たちがそういうものを扱っているんだっていう前提でどういったアクションを取るべきなのかっていうのを考えれば、やっぱりこういったときには声を上げて、そしてみんなで考えようよと」

私は電気グルーヴの一ファンに過ぎません。でもファン＝受け手と、表現する側の人たちが、一緒に共有の財産である「作品」「表現」というものについて、新しい考え方を作っていく必要があると思っています。そんな人たちが今後、少しは声を上げやすくなる環境になれば、ごくごくわずかでもその環境作りに貢献できたとしたならば、これ以上嬉しいことはありません。わずか1ナノメートルだとしても。

第二節　署名提出とその後

署名提出の日

ピエール瀧さん逮捕の3日後、3月15日に私はかがりはるきさんと「電気グルーヴの音源・映像の出荷停止、在庫回収、配信停止を撤回してください」と題したキャンペーンを開始しました。そしてそれから、ちょうど1カ月後の4月15日。私たちはいよいよ署名を提出することにしました。中には目頭が熱くなるようなコメントを書き込んでくれた方も多数いらっしゃいました。こうして得られた署名を印刷し、段ボール箱数箱に詰めて、提出に臨みました。

署名にあたっては、インターネットの署名サイト「change.org」を利用しました。人々から集めた署名を通じて社会をよくしていこうというサイトですが、一躍有名になったのは、「高輪ゲートウェイ」問題だったかもしれません。

山手線の新しい駅名をJR東日本が「高輪ゲートウェイ」と発表したことに対して、エッセイスト・漫画家の能町みね子さんらが撤回を求める署名を集めたのが、この「change.org」でした。賛同者には清水ミチコさん、デヴィ夫人、カンニング竹山さんなどが集まり、4万79

30人分の署名をJR東日本に提出した映像を、ニュースでご覧になった方も多いのではないでしょうか。このことがきっかけとなって署名サイトの存在が広まったのか、私たちも実に多くの賛同を得ることができました。

さあ、署名の提出日です。相手は電気グルーヴが所属しているレコード会社、ソニー・ミュージックレーベルズ。東京の市ヶ谷駅近くに本社を構えています。しかし、署名はただ渡せばいいというものではなく、世間にできる限り訴える必要があります。

そこで署名を提出する前に、その多さをアピールしようと、マスコミ各社を呼んで、提出前のリストを撮影してもらいました。もちろん個人名は伏せてありますが、本人の了承を得られた方に関してはコメントの一部も公開しました。その時にやってきたテレビカメラの台数といったら！　まさかこんなに多くのマスコミが来るとは思ってはいませんでした。あまり広いとはいえない事務所に集まった多数のテレビカメラに、「これは何かすごいことをしでかしてしまったのではないか」という、今さらながらの実感が湧いてきたものです。署名の撮影を終えたそれらのテレビカメラは、その後の私たちの行動を見越して、市ヶ谷に移動していきました。

ソニーの対応

結果から言うと、署名の提出はあまりにもあっけなく終わってしまいました。あらかじめ

「社内での撮影は禁止」「質問などの時間を設けない」と聞いてはいましたが、それ以上にそっけない態度に驚きました。最初に名乗ってくれはしたのですが、役職などを尋ねようとすると「質問はないということだったはずです」と言われ、相手がどんな立場の方なのかも分からないままでした。もちろん、ソニーとして「電気グルーヴの音源・映像の出荷停止、在庫回収、配信停止をどう思っているのか」の説明などありません。

そもそも私たちの基本的な考え方は、「ソニー（またはレコード会社）は敵ではない」というものです。敵ではなくむしろ音楽や文化を愛好する仲間として共同で新しいやり方を作っていきたい。署名活動そのものへの賛同者だけではなく、もっと広くファン、あるいはさらに広く音楽や文化が好きな人たちみんなが一緒に、一番いいやり方を示せたらいいな。この考え方に至ったのは、「電気グルーヴを聴いたことはないけれど作品の出荷停止や回収のような悲しいことには反対なので署名をした」というＡＳＫＡさんのファンの思いを知ってからのことです。

商業的な立場にあるレコード会社と受け手であるファンや、音楽や文化を愛する人たちみんなで、旧来のやり方や前例にとらわれない本当にいいやり方を考えていきたいというのは、今でも偽らざる本音です。そこで、署名を提出する際に手紙を持参して、それを読み上げました。その内容をここに掲載します。

本日お持ちしました署名は、「電気グルーヴの音源・映像の出荷停止、在庫回収、配信停止」を撤回するよう求めた6万4606人分のものです。

しかし私たちは御社は敵ではなく、むしろ新しい文化を作る仲間だと考えています。数々の斬新なアイデアを実現してきたリーディングカンパニーであるあの「ソニー」だからこそ出来る、誰もが「かっこよくてクール」だと思えるような行動を取ることを期待してやみません。

その意味も込めまして、「電気グルーヴの音源・映像の出荷停止、在庫回収、配信停止」を撤回するよう求めた6万4606人分の署名を、株式会社ソニー・ミュージックレーベルズに提出いたします。


これは質問ではないのでさすがに遮られることはありませんでした。しかし、これを読み上げてもソニー側からは、ひと言のリアクションもありませんでした。結局、署名提出に訪れたソニー・ミュージックレーベルズには、わずか3分未満しか滞在できませんでした。とはいえ署名を集めても受け取ってもらえず、仕方なく郵送などで送るという例もあるそうなので、この対応を責めてばかりもいられないようではあります。

意外な援軍がマスコミにいた

提出後には、文部科学省で記者会見を行うことにしていました。過去に記者会見で話したことはあったのですが、主催するのは初めてですし、何をどのようにすればいいのかはさっぱりでした。ただ、ラッキーだったのは、署名活動を取材しにくる各社の記者が実は電気グルーヴのファンらしく、雑談ついでに様々な知識を伝授してくれたことです。

その最たるものがこの会見実施です。某テレビ局の記者の方が、「記者会見やらないんですか?」と聞いてきたのがきっかけで話が進み始めました。場合によっては官庁を使えること。幹事社に話を通せば各社ごとにプレスリリースを送ったり招待したりする必要はないこと。また、基本的な進行も幹事社がやってくれること。一つ一つ、大変参考になりました。

いざ会見場に行ってみると、テレビでよく見るあの「記者会見」が本当にセッティングされていてさすがに緊張しました。しかし、記者の中にも電気グルーヴのファンがいると思えば、鋭くつるし上げられるイメージではなくリラックスできました。このような「思わぬところに味方がいる」という事態は、その後も何度も体験しましたし、決して孤軍奮闘ではない、温かいつながりを強く感じました。

記者会見の内容自体はかなりこの本の趣旨と重なるのですが、ごく簡単にご紹介しておきましょう。まず発起人の二人は前節で述べた経緯を説明しました。続いて巻上公一さんが「作品は作者と独立したものだ」「今レコード会社がやるべきことは、どうやったらピエール瀧さんの手助けをできるのかであるはずなのに逆のことをやっている」などと短いながら非常に鋭くクリティカルな指摘をしました。

ダースレイダーさんは「海外では薬物で問題を起こしたミュージシャンでも作品は売られるのが一般的。今回の件は日本という社会を今後どうしていくかという話だ」という、実は非常に深い問題であるという認識を示しました。

宮台さんは、この本の第三章でも述べられますが、簡単にまとめると「表現規制とゾーニング」「法と表現」「更生の道を閉ざすな」「炎上に与《くみ》するな」の4つの学術的な論点を紹介しました。

記者からの質問で一番ハッとしたのは、「日刊スポーツ」からのものでした。それは、「今回のこの署名活動は石野卓球さんの方とは何か連携はされているのか。何か連絡を取りあったり、そういうことはされているんですか」というものです。聞かれるまで全く考えつきもしませんでしたが、石野卓球さんとの連携は全くありません。勝手にファンの立場から起こしたアクションです。石野卓球さんはエゴサ（エゴサーチ。自分の名前などを検索して自分についてのネット言説を調べること）の鬼とも言われていて、もしかしたら活動自体は当初からご存じだった可能性はあります。しかし私の方はむしろ、石野卓球さんはこのような署名活動を望んでいないかもしれないと思っていたほどです。

本人が嫌がっていたとしても、それでもやはり言うべきことは言い、やるべきことはやろうと思いました。

この話には実はちょっと続きがあります。その後に石野卓球さんがツイッターで「電気グルーヴ出荷停止の抗議は石野卓球と連携なし」というヤフートピックス経由での「日刊スポーツ」の記事リンクを貼り、「巻上さんはじめ声を上げてくださったみなさんに心から感謝しかありませんありがとうございます」と書いてくれました。

この時石野卓球さんが続けて説明したのは、原盤権という権利の問題です。もしソニー・ミュージックレーベルズを離れてしまうと、電気グルーヴの音源を再リリースする時に石野卓球さんが一切タッチできなくなってしまうという切実な問題があるということでした。さらに石野卓球さんは、ソニーの中にも電気グルーヴの音楽の味方になってくれているスタッフがたくさんいることをツイートし、問題の多方面にわたる複雑さを再認識させてくれたのでした。

6月18日、東京地方裁判所は、コカインを摂取したとして麻薬取締法違反の罪に問われたピエール瀧さんに懲役1年6月という求刑通りの判決を言い渡しました。執行猶予は3年です。主治医の指導に従って再犯防止のプログラムを受けていることや、所属事務所を解雇されたことで不利益を負うことなどを考慮し、執行猶予を付けたとしています。

判決言い渡し後には裁判官は、「芸能界に復帰できるかどうか分からないが『薬物を使っていなくても良いパフォーマンスだな』と社会に思われることを切に願う」と説諭したということです。ピエール瀧さんは判決後に「多くの皆さまに多大なる迷惑と心配を掛けて大変申し訳ない。二度とこのようなことを起こさないよう戒める」とのコメントを出しています。ピエール瀧さんはその前に所属事務所のソニー・ミュージックアーティスツを解雇されていました。また一説には放送できなくなったテレビドラマなどの作品に対する賠償請求があるのではないかともされていて、これまで華々しく活動していただけに、逮捕前と同じ状態に戻れるとはいえない状況だと思います。

しかしピエール瀧さんの今後について私は心配していません。それはなによりも石野卓球さんという唯一無二の存在があるからです。このような全人格的なつながりを羨ましいと思うのは私だけではないでしょう。90年代以降の若者の「居場所のなさ」と「孤立」、その問題点と解決策に関しては、この章の最後の第四節で展開するつもりです。また宮台真司さんの第三章でも人と人のつながりに関する希望が描かれます。

蔓延、持続する事なかれ主義と前例主義

さて、この節はここで終わってもかまわないのですが、一つ、「ははあ、これが『自粛』か」という体験をしてしまいました。それは私がゲストとして呼ばれたあるラジオ局でのことです。

電気グルーヴの音楽が回収・配信停止され、さらにピエール瀧さんの問題がマスコミで盛んに報じられていた時でも、私の知る限りラジオは比較的まともな対応をしていたと思います。「山下達郎のサンデーソングブック」5月5日の放送では、「数年前に石野卓球さんが、イベントのオープニングに『希望という名の光』のアカペラを使ってくれたので、そのことへのお礼と、そして応援の気持ちを込めて」ということで山下達郎さんの選曲により電気グルーヴ「N.O.」をかけましたし、私が出演した番組でも電気グルーヴの曲をかけてもらいました。他にもたくさんの「電気グルーヴをかけていた番組」についての情報が寄せられています。やっぱりラジオはいいなあ、と感じていましたし実際に多くの現場ではそういう雰囲気だったでしょう。

そんな中、とある全国ネットの番組に呼ばれました。実はそのちょっと前に、電気グルーヴ関連の署名活動についてフジロックでのトークステージに出演することが決まっていました（フジロックには音楽ではなくフリートーク中心のステージが存在する）。それを知ったこのラジオ番組のスタッフは、私の家族社会学者としての考えにプラスして、そのフジロックのトークステージへの出演について署名活動の経緯も織りまぜながら聞かせてくれ、と言ってきたのです。

そしてその番組では、ゲストがリクエストした曲をかけられるコーナーがありました。段取りとしてはフジロックの話をする直前に1曲をかける構成です。ならばここは電気グルーヴをかける以外にないでしょう。最初は難色を示されたものの、最終的には了承してくれて、買うことができずネットでの配信もされていない電気グルーヴの楽曲を放送に乗せることができると楽しみにしていました。ところがギリギリになって「局の編成方針により放送できません」と言ってきたのです。フジロックと電気グルーヴの署名について話すのに曲はダメとは、なんとも企画意図の齟齬《そご》を感じてしまいました。

実はこの放送局は、山下達郎さんの番組と同じ系列です。「局の編成方針」が絶対という訳ではなく、万が一何かあった時に（そんなものがあるかどうかも分かりませんが）、責められるのが嫌だという事なかれ主義だったのだなと得心しました。

そしてリクエストの「N.O.」は、電気グルーヴの曲をハンバートハンバートがカバーしたバージョンをかけることになりました。もちろんとても素敵なカバーなのですが、こんな状況で代替品として使われるのは、ハンバートハンバートにも失礼だよなあと思います。MCの方は状況を正しく理解してくれて、曲をかけた後に「本当は本家をかけたいんですよね、でもまあその事情が……」と言ってくれました。おかげで、私の不本意な気持ちがリスナーには伝わったことでしょう。

現場の思考というのは想像以上に場当たり的で、肌感覚的なものに依存するのだと、今回の件でさらに思うようになりました。レコード会社が「自粛」という名のもとにミュージシャンが逮捕された翌日に作品の出荷停止をしてしまう。あるいは放送局が曲を流すことをやめる。いずれも、事なかれ主義と前例主義という悪癖に陥っている例でしょう。

こうした悪弊は署名を提出した後のレコード会社の対応にも見ることができます。2019年5月22日、田口淳之介さんが大麻取締法違反の疑いで逮捕されました。そして翌日、2018年11月まで契約を結んでいたユニバーサルミュージック合同会社より「CD・映像商品全タイトルの出荷停止と、全楽曲・映像のデジタル配信の停止」が発表されました。

不可思議なのは、田口さんが以前メンバーだった人気グループKAT-TUNの作品については出荷停止等の対応がされていないということです。KAT-TUNも同じ処分にするべきだと言いたいのではもちろんなく、音楽業界における力関係的なもの、不公平さをそこに感じてしまうのです。ユニバーサルミュージックの発表文にも、なぜ田口さんの作品を出荷停止、配信停止するのかの理由は全く書かれませんでした。

続いて、7月19日にはミュージシャンのKenKenさんとJESSEさんが大麻取締法違反（所持）の疑いで逮捕されました。翌日にはKenKenさんが関係するDragon Ashの所属レコード会社、株式会社JVCケンウッド・ビクターエンタテインメントより、「制作に携わった、Dragon Ash の音源、映像作品の出荷および配信を停止」との対応が発表されました。二人がメンバーであるRIZEに関してはソニー・ミュージックレーベルズが同様の対応をしました。

こちらでは、新しい問題点が出てきました。KenKen さんは、Dragon Ash に公式に加入したというアナウンスこそなかったかもしれませんが、公式サイトやアーティスト写真、CDのスタッフクレジットでは他のメンバーと区別することなく扱われています。しかしレコード会社側は「正式メンバーではなく、サポートという立場」ということを強調しています。もしサポートメンバーであっても「活動に深く関わって」きたことが出荷・配信停止の理由になるなら、「正式メンバーでなくても、不祥事を起こした者が参加した作品は回収する」前例ができたことで、今後の自粛対応がより重くなる恐れがあります。

そして11月16日には女優の沢尻エリカさんが麻薬取締法違反の疑いで逮捕され、日本中がまたもや大騒ぎになりました。沢尻エリカさんはあまり知られてはいませんが音楽活動も行っていて、ソニー・ミュージックレーベルズは11月18日に、沢尻エリカさんの作品の出荷・配信停止をアナウンスしました。電気グルーヴ、RIZE、沢尻エリカさんに関するソニー・ミュージックレーベルズのアナウンスは、ほぼ全くと言ってよいほど、同じ文言が使われています。そこには何の根拠も説明もなく、回収・配信停止が与える影響や今後の見通しについて考慮された形跡は一切示されていません。電気グルーヴ、RIZE、沢尻エリカさんという音楽への向き合い方やキャリアがそれぞれ異なるユニークな存在を一緒くたにしてしまう辺り、事なかれ主義と前例主義が見事に現れているといえるでしょう。

第三節　自粛と再帰性

事なかれ主義の正体は何か

ピエール瀧さんが逮捕された翌日にソニー・ミュージックレーベルズが下した判断は、「電気グルーヴの全ての音源・映像の出荷停止、在庫回収、配信停止」でした。ソニーの前例については、第二章でかがりはるきさんが電気グルーヴ以前の自粛史を詳細に記述してくれますが、電気グルーヴ以降の対応を見ても、前例主義を明確に見てとることができます。

前例を踏まえるのは、いい面と悪い面があります。恣意的な判断に陥らないのはいい面です。裁判など法律の世界はこれにあたるでしょう。他方、悪い面として、事なかれ主義の側面が強くなってしまう点が挙げられます。これはつまり、今現在起きている事態に最善を尽くして対処するのではなく、世間的に波風が立たない選択をしているのではないか、ということです。法律の世界はこのことに自覚的ですから、前例を事なかれ主義だと批判した上でそれを覆す判断を求める訴訟がしばしば起こります。現在と過去の違い、つまり時代の変化や事態の特殊性を踏まえ、前例を変えていくことを迫る訳です。しかし一般企業の場合、よほど気をつけていないと事なかれ主義から抜け出すのは難しいでしょう。

ソニー・ミュージックレーベルズは、どうも事なかれ主義に安住しているように思えます。それは自粛の理由をきちんと示さないからです。何かポリシーがあって自粛をしているのであれば、そのポリシー自体を争点として闘うことができます。あるいは相手もポリシーについての誤りを指摘されれば黙ってはいないでしょう。つまり議論が成立します。デタラメでひどいポリシーであったとしても、そのデタラメさやひどさを明確にできれば、話をすることはできるのです。しかしソニー側は、今日に至るまで自粛の根拠について説明らしい説明を全くしてくれません。節目節目で状況を教えてはくれるのですが、自粛の根本的な根拠については触れようとしないのです。

古くは総会屋対策や労働問題での団交、最近では環境問題についての交渉などの場において、企業側にとっては「何も言わない」ことこそが最大の策である、という考え方を聞いたことがあります。企業に異議申し立てをする側にはたいてい弁護士がついているので、企業が余計なことを喋《しゃべ》ると言質《げんち》をとられるという訳です。その気持ちは分かります。しかし今回のような署名提出というのはあくまでお願いであって交渉ではありませんし、署名提出のメンバーには法務の専門家は一人もいませんでした。説明がないことを責めている訳ではないのですが、ずるずると返事を先延ばしにして時間切れを狙っているのではないか、という意図も感じてしまいます。ポリシーをもって判断をしている訳ではなく、単なる事なかれ主義だと私が思う所以《ゆえん》です。

他に、株主対策として、自粛の根拠について明言を避けたいという考え方もあるでしょう。ソニーグループの株主総会は6月下旬です。ピエール瀧さんが逮捕された3月というタイミングを考えれば、株主に配慮して事なかれ主義に徹するのは当然だという姿勢です。株主への配慮とは、一般には、株主の利益に背反しないようにすることです。つまり株主が文句を言うとしたら、会社の利益を減少させるような場合です。

既にご紹介したように、販売や配信が停止された後、中古のCDショップやネットオークションにおいて電気グルーヴ作品が驚くほどの高値で取り引きされました。販売や配信停止による供給減がこうした高騰を招いたという点もあるでしょうが、ピエール瀧さん関連の連日の報道で電気グルーヴの曲を聴きたくなったという需要の高まりもあるはずです。これはビジネスでいえばチャンスロス、機会損失と見ることもできます。あまつさえ在庫を回収するにはたくさんのお金がかかるでしょう。利益追求という論点だけで単純に考えれば、事なかれ主義が有効な株主対策だとは言い切れないように思います。

コンプライアンスと再帰性

株主対策ではなくコンプライアンスが理由だという考え方もあるでしょう。経営者の立場からソニーを擁護する私の知人は、だいたいこれを根拠にしています。コンプライアンス＝法令遵守が企業にとって大変重要なことは疑いありません。さらにＣＳＲ（corporate social responsibility 企業の社会的責任）、つまり現代の企業は社会へ与える影響に責任を持ち、利害関係者＝ステークホルダーに対して適切な判断を下すことを重く見るべきだ、という考え方は21世紀に入ってすっかり一般的になりました。薬物に関することは社会的に悪影響があるという論点は、コンプライアンスの一環といってさしつかえないだろうと思います。

しかしこのコンプライアンスという考え方は、特にものを作る人たちの間で評判がよくないようです。２０１９年8月8日よりNetflixで配信されて大ヒットしたドラマ「全裸監督」では「コンプライアンスという言葉に塗りつぶされるこの時代」というフレーズが使われて話題となりました。ただし「全裸監督」で描かれるゴタゴタ、例えば「裏本」販売について警察とやり合う様子は、まさに合法と脱法と非合法の境界の問題であり、法律によってアダルトコンテンツが「黒塗りにされる」のは現在も80年代当時も同じことです。むしろこのコピーが表現しようとしているのは、ＣＳＲやクレーム対策などをコンプライアンスという言葉に集約させ、法務部主導で物事を決定する現代社会における企業姿勢でしょう。

この問題をうまくテーマにしたものとして私が思い出すのは、落語家の立川吉笑《たてかわきっしょう》さんの創作落語です。吉笑さんがある企業から頼まれた創作落語が直前まで「コンプライアンス的にあだこうだ」と言われて改作を繰り返した挙げ句、最後にはとんでもないものになってしまったという「コンプライアンス落語」という噺《はなし》は、コンプライアンスと言いながら法律以外のリクエストをあれこれ突きつけてくるコンプライアンス概念のあやふやさをネタにしていて、爆笑必至です。

なぜ、企業にコンプライアンスを求めるようになったのか。一般的には三菱自動車リコール隠しや牛肉偽装事件など、ゼロ年代に相次いだ企業不祥事や粉飾決算などが挙げられます。ただ、企業経営とコンプライアンスの関連についてはその手の専門家に任せるとして、ここでは再帰性という観点から社会の変化と企業のあり方について考えていきましょう。

再帰性とは、簡単にいえば、「人や集団・制度などが自らのありようを振り返り」「情報を参照しながら必要に応じてありようを修正していくこと」です。それは例えばヘアスタイルを鏡でチェックして、TPOを踏まえてちょっと直すという行為に似ています。単なる見た目の問題だけではなく、もっと細かくて複雑なコミュニケーションの課題も含まれます。そういった課題は鏡でチェックすることは不可能なので、自分以外の存在＝他者とのやりとりを通じて自己を振り返るという営みになります。このようなことを突き詰めれば、他者との関係に対して敏感になりすぎてしまうことがあることは想像にたやすいでしょう。

再帰性のうち、「自らのありようを振り返る」という前段の行為を「セルフモニタリング」と呼びます。人のふり見てわがふり直すのであれば、あまりよくないと思った他人の行為から自らを省みるということになりますが、「セルフモニタリング」にはもう少し「ひとの目を気にする」というような感覚がつきまといます。インターネットや携帯電話などのコミュニケーションツールの発達がこれを加速させている可能性もあります。「ひとの目を気にしすぎる」というのは、昔からあることではありますが、すぐれて現代的な状況ということもできるでしょう。

イギリスのブレア政権のブレーンでもあった社会学者、アンソニー・ギデンズは「再帰的プロジェクトとしての自己」というちょっと難しい言葉で、行き過ぎた再帰性について述べました。自己というものが、社会から与えられた座標により規定される固定的なものから、絶えずセルフモニタリングして作り直されていく流動的なものへと変わったというのです。つまり再帰性というプロジェクトにより常に作り変えられていくのが現代の自己だ、という訳です。この状態を多くの社会学者は「近代の新たな局面」と捉えていて、「第二の近代」と呼ぶ論者もいます。

この再帰性が生み出した現代的状況を、企業によるコンプライアンスの重視を生み出す土壌のようなものだと考えてみてはどうでしょうか。企業が自らの生み出す商品の価値だけを気にしていればいい時代は終わりました。企業は常にユーザーや株主や行政などのステークホルダーを気にする＝セルフモニタリングをしていく必要があります。ここに再帰性の考え方を導入してみましょう。

再帰性とは「人や集団あるいは制度などが自らのありようを振り返り」「必要に応じて修正していく」ことでした。一方、コンプライアンスとは法令遵守のことです。再帰性とコンプライアンスを比較した場合、一見、コンプライアンスが再帰性における後段の「必要に応じて修正していく」ことではあっても、「自らのありようを振り返り」という前段のことは直接的には意味していないように思えます。

しかし考え方を逆転させてみて下さい。実はコンプライアンスという考え方が入ってくるその土壌として、そのずっと前から企業はセルフモニタリングを頻度も規模も増大させていっていなかったでしょうか。それはモンスタークレーマー対策や消費者モニター制度などという言葉が流行《はや》った時代と軌を一にしていそうです。あるいはそれより少し前、80年代に盛んだったCI＝コーポレートアイデンティティの導入まで遡った方がいいかもしれません。企業のイメージをはっきり打ち出すために広告代理店などにお金を払ってブランド力を高めるということを、当時の企業は盛んに行っていました。これはまさに「再帰的プロジェクトとしての自己」というギデンズの言い方と一致するように見えます。

つまり、再帰性が高まっていく社会においては、企業もまた常にセルフモニタリングすることでしか自分の立ち位置を測れなくなります。そうして得られた情報をどうフィードバックしていくのが良いのか。そこへ都合のいいロジックとして導入されたのが、コンプライアンスという方便だったのではないでしょうか。

言うまでもなく、法令を守ることは当たり前のことです。法令遵守という原則を厳格に運用するのであれば、過剰労働や違法労働、ハラスメントの問題等はもっと是正されて然《しか》るべきです。そうしたところは都合よく無視しながら、ことさらに法令遵守という言葉のみが取り沙汰されるようになりました。コンプライアンスという言葉が日本で言われ始めたのは2000年頃からだと思いますが、その背景には、二つのことがあります。

一つは企業による不祥事を防ぐこと。そしてもう一つは、企業価値の向上です。再帰性という観点から見ると、気になるのは二つめの、企業価値の向上の方です。

それはつまり、コンプライアンス体制をホームページなどで公表してステークホルダーから信用を得て、コーポレートブランドを上げるといったようなことです。これは再帰性の高まりという観点から理解できるように思います。会社のことを振り返ってチェックし、必要に応じて社内でできることを修正していくという営みです。そしてコンプライアンスとして表明することがさらに企業価値を向上させることにつながります。

まとめると、再帰性の高まりからコンプライアンスがもてはやされるようになった理由は以下のようになります。近代化が進むにつれて企業もまた再帰性の高まりに呑《の》み込まれ、自分の立ち位置がはっきり分からなくなった結果、セルフモニタリングを行うようになりました。そしてセルフモニタリングで得られた情報を使って自社の態勢を修正していく。ここまでは再帰性の基本的な考え方です。そしてそれに実効性を持たせるための方便が、コンプライアンスである。これが現代における企業のコンプライアンス重視の背景だという訳です。

つまりコンプライアンスというのは本当のところ、自分の立ち位置を掴《つか》むべく行うセルフモニタリングを意味づけするために導入された使い勝手のいいキャッチフレーズである、というのは言い過ぎでしょうか。

事なかれ主義と再帰性

さて、再帰性には実はもう一つの側面があります。それは、自己というものを俯瞰《ふかん》して、まるで他者であるかのように一体的なものとして捉えることです。

ギデンズは、このような再帰性により人々は自己を「一冊の自伝のようなもの」と見ていると言います。絶えざるチェックにより改訂され続けているものの、俯瞰することでむしろ客観的に見られないはずの自己というものが、一体的に捉えられるというのです。その結果、自己というものはたとえ流動的なものであったとしても、まとまりを持った一つのものとなるとギデンズは考えました。

先ほどご紹介した「再帰的プロジェクトとしての自己」とは、このようなまとまりを持った一つのもののことです。ここでは「再帰的自己」と省略しますが、この再帰的自己は常に修正され続けるがゆえに一つの問題があります。それは「失敗もまた自己の一部とされてしまう」ということです。もちろん失敗を反省して次に活《い》かすという場合もあるでしょうが、そんなに物事がうまくいくとは限りません。というよりもむしろ、人は失敗を繰り返すものです。そうなると、再帰性としての「必要に応じて修正」ということが、「失敗を次に活かせない自分」を見つめることになってしまいます。つまり、かなりネガティブで自己否定的なサイクルになってしまうのです。

この状況を、宮台真司さんの教え子でもある社会学者の鈴木謙介氏は、現代の若者は自分に関する情報のデータベースを参照しつつ躁《そう》(カーニヴァル)的な状況と鬱的な状況を生み出すと説きました。他人とのコミュニケーションによりハイテンションな自己開発を行うのが躁的な状況で、自分自身に向き合い自省的になるのが鬱的な状況です。

この構図を企業に当てはめるとどうなるでしょうか。前者の躁的な状況は、先ほどの項で述べた「セルフモニタリングとその結果としてのコンプライアンスの汎用」といえるでしょう。

では、鬱的な状況とはなんでしょうか。実はそれこそが、事なかれ主義だと思います。実際、失敗が続くと前例にとらわれない、革新的な判断がなかなか難しくなってきます。そんな時には、世間にも社内にも波風が立たないように無難に事を収めたいと考えるようになるでしょう。まさに事なかれ主義です。

事なかれ主義を無難にやり抜く上で最も効率が良いのは、前例の踏襲でしょう。一般的に言って、前例の踏襲とは官僚制の特徴の一つですが、その最大の利点は「失敗を繰り返さない」ことにあります。もう少し踏み込むならば、「失敗したということを認めない」とも言えるかもしれません。前例を踏襲している限り企業は新しく判断を下したことにはならず、「失敗を繰り返したり、失敗したという事実を次に活かせない自分」という鬱な再帰的自己から免れることが可能になります。法律の世界では前例を批判した上でそれを覆す判断を求めるというスキームがあり得ますが、そもそもコンプライアンスとは企業価値を高めるという方便です。そのようなスキームを排除して事なかれ主義に徹することは、この方便の上では合理的な戦略と言えます。

レコード会社には、少なくともここ30年間の「ミュージシャンが逮捕された時の対応例」が蓄積されているはずです。そしてその対応はほとんど変化していません。つまり前例を踏襲することで妥当性を獲得し、波風が立たないようにしています。ソニー・ミュージックレーベルズは3月の電気グルーヴ、7月のＲＩＺＥ、11月の沢尻エリカと立て続けに違法薬物関連の逮捕に伴う回収・配信停止の判断を行っています。その告知は契約の状況などを入れ替えただけ、まさにテンプレートと呼ぶにふさわしい事なかれ主義の文面です。ちょっとご紹介いたします。

■ピエール瀧の逮捕に伴うソニー・ミュージックレーベルズの対応について　2019.03.13
この度、ソニー・ミュージックレーベルズの契約アーティストであるピエール瀧が、麻薬取締法違反の容疑で逮捕されたことにつきまして、ファンの皆様、関係各所の皆様にはご迷惑とご心配をおかけしておりますことを深くお詫《わ》び申し上げます。

この事態を厳粛に受け止め、本日より、弊社が取り扱うピエール瀧、及び電気グルーヴ関連の商品に関して、以下の通り対応いたします。
・ＣＤ、映像商品の出荷停止
・ＣＤ、映像商品の店頭在庫回収
・音源、映像のデジタル配信停止
２０１９年３月13日
株式会社ソニー・ミュージックレーベルズ

■ＲＩＺＥのメンバー逮捕に伴うソニー・ミュージックレーベルズの対応について
2019.07.20
この度、ＲＩＺＥメンバーでありますマック・ファーデン・ジェシー・ソラト（JESSE）と金子賢輔（KenKen）が大麻取締法違反の疑いで逮捕されたことにつきまして、弊社との専属契約は、２００２年に終了、また２０１６年に結んだ一時契約も既に終了しておりますが、この事態を厳粛に受け止め、本日より、弊社が取り扱うＲＩＺＥ関連の商品に関して、以下の通り対応いたします。
・ＣＤ、映像商品の出荷停止
・ＣＤ、映像商品の店頭在庫回収
・音源、映像のデジタル配信停止
ファンの皆様、関係各所の皆様にはご迷惑とご心配をおかけしますことを深くお詫《わ》び申し上げます。
２０１９年7月20日
株式会社ソニー・ミュージックレーベルズ

■沢尻エリカ逮捕に伴うソニー・ミュージックレーベルズの対応について　2019.11.18

この度、沢尻エリカが麻薬取締法違反の疑いで逮捕された件につきまして、弊社との専属契約は、既に終了しておりますが、この事態を厳粛に受け止め、本日より、弊社が取り扱う沢尻エリカ関連の商品に関して、以下の通り対応いたします。

・CDの出荷停止

・音源のデジタル配信停止

関係各所の皆様、ファンの皆様へご迷惑とご心配をおかけしますことを深くお詫び申し上げます。

いずれも、何をどう検討し厳粛に受け止めたのかを一切排除した、悪い意味で官僚的なテキストになっていることが一目瞭然です。

思い起こしてみれば、私たちが署名を提出した日も、ソニー側は私たちには何も言わず、しかしその数時間後にはマスコミ各社に次のようなコメントを送りました。

「電気グルーヴがたくさんのファンの方々に愛されていることを改めて認識しました。出荷停止などの措置については、今後の捜査や裁判の行方を見守りながら次の判断を検討していきたいと考えています」

実際には刑が確定した後も判断が覆ることはなく、その後も判断停止の鬱状態を維持し続けています。このようにあまりに官僚的なソニー・ミュージックレーベルズのあり方というのはもしかしたら、「レコード会社というのは世間的にはなんとなく華やかで浮き世離れした存在のように思われているから、しっかりとセルフモニタリングしてそれをコンプライアンスという形で表明し、自分の立ち位置を確保していこう」という考え方が関係していて、このような鬱状態をさらに強めているのかなと疑ってしまいます。

リキッド・モダニティに生きていく

さて、この節では再帰性の問題を大きく取り上げてきました。近代化が進み再帰性が高まってきたことで、個人や組織、制度などが社会の中の固定的な位置を失い、絶えずセルフモニタリングして作り直されていく流動的なものへと変わっていきます。

これに限らず、現代では本来は固定的であったはずの様々な物事が流動的になってきていますす。そんな社会のことを、「リキッド・モダニティ」と呼びます。日本語では「液状化した近代世界」とか「液状化社会」などと訳されます。提唱したのはポーランド出身の社会学者ジグムント・バウマンです。

バウマンは、ギデンズが言う「再帰的プロジェクトとしての自己」のような、流動的ながらもまとまりを持った一つの自己というようなものについてもまた、疑いました。個人のアイデンティティを構築する必要は認めるものの、その「自己」からはかなりのデータが失われているといいます。これをバウマンは「欠陥のあるジグソーパズル」と喩《たと》えています。

まとまった一つの絵ではあるものの、欠けているピースがあまりに多く、しかも何が欠けているのかすら分からないとすれば、ジグソーパズルとしては欠陥です。もっといえば、何が欠けているのか分からないのではなく、欠けているかどうかも分かりません。しかも何が描かれているのかも提示されません。こんなジグソーパズルは確かに欠陥品でしょう。ところが困ったことにこれは、ジグソーパズルの話ではなく、私たち人間の社会のことなのです。

自己のありようだけではありません。身分や血縁、階級、家族、性など、従来は固定的で磐《ばん》石《じゃく》だと思われていた様々な制度が、流動化しています。そのため、私たちは何かを考えて行動することが困難となり、人生を大きく左右するような決定を下さなければいけない時でも、従来なら拠《よ》り所《どころ》となったことが今はならなくなっています。

いい大学に入り大企業に勤めて結婚しマイホームを持ち定年退職後は悠々自適で暮らす、などと書いただけで、うさんくささがプンプン漂います。もはやそれが現実に可能だとも思えませんし、可能だったとしても幸せな感じがしません。こんな典型的な「幸福な人生」は、もはや固定的でも磐石でもないのです。といっても、ＩＴ企業に勤めて単身赴任の別居婚をし海外投資で老後の資産を増やす、などと今風に書き換えてみたところで、事態は変わりません。あらゆるものが流動的になってきている。それがリキッド・モダニティの意味するところです。

こうなってくると、どうすれば合理的な生き方ができるのでしょうか？　拠り所が拠り所にならない状況で合理的に生きること。それは、「決定しない」ということになります。バウマンはこれを「選んでいる人」と表現しています。選んでいる最中であり、選んでしまった＝決定してしまってはいないということです。リキッド・モダニティでは決定しない優柔不断な態度こそ最も合理的です。

ただし、決定しない、ということは現実的には不可能です。人は毎日、常にどうするか決断を迫られます。だからバウマンは「選ばない人」ではなく「選んでいる人」と表現しました。私はこれをさらに解釈して「その都度選ぶ人」と提唱しています。前回の決定に縛られることなく、つまり前例主義に陥ることなく、その都度選んでいくことが大事です。

このような状況で生きていくのは、なかなか大変です。でもやりようはあります。そのことをはっきりと示してくれたのは、実は電気グルーヴの石野卓球さんでした。石野卓球さんはツイッターで、次のようにつぶやきました。

キミたちのほとんどは友達がいないから分からないと思うけど友達って大事だぜ。あと〝知り合い〟と〝友達〟は違うよ

このツイートは、一見すると「その都度選ぶ人」とは正反対に感じられるかもしれません。しかし実は「その都度選ぶ人」になるためには、このツイートに書かれているようなある条件が必要になるのです。リキッド・モダニティを生き抜く知恵と言い換えてもいいでしょう。次の第四節では、この言葉をきっかけとして、電気グルーヴの歌詞なども援用しつつ、リキッド・モダニティを生きていく方法を議論していきたいと思います。

第四節　友達と、社会と

90年代と「N.O.」

今じゃ言えない秘密じゃないけど　出来る事なら言いたくないよ
今話しても　しかたが無いし　でも言いたくて　しかたが無いし
学校ないし　家庭もないし　ヒマじゃないし　カーテンもないし
花を入れる花ビンもないし　嫌じゃないし　カッコつかないし

これは電気グルーヴの名曲「N.O.」の歌詞です。なんとなく寂しさとやるせなさと、でも奇妙な明るさを感じさせるポップな作りになっていると、私は感じます。

「N.O.」は1993年のアルバム「VITAMIN」からシングルカットされました。これは元々インディーズ時代に作った曲で、ライブなどで人気があったものですが、歌詞は当時のものとは書き換えられています。ちなみにN.O.とは英語の否定語の「ノー」であると同時に、石野卓球さんが敬愛するイギリス・マンチェスターのバンド「ニュー・オーダー」を意味しているとも言われています。

この曲はそれまでの電気グルーヴの売り上げを更新するヒット作となりました。もっとも電気グルーヴとしてはこの曲をアルバム「VITAMIN」に入れるつもりはなかったのですが、インストゥルメンタルが多い構成だったため、レコード会社から入れるようにと言われて渋々アルバムの最後にボーナストラック的に入れたという話も、ファンの間では広く知られています。

90年代は、この歌詞のように「どこか寂しく、どこか絶望的で、でもどこか明るい」というそれまでになかった感覚の曲が現れた時代だと思います。フリッパーズ・ギターを解散した小沢健二のファーストアルバム「犬は吠《ほ》えるがキャラバンは進む」（後に「dogs」と改名）の2曲目「天気読み」や、オリジナル・ラブの「夜をぶっとばせ」など、いわゆる「渋谷系」と呼ばれたものをはじめとして、本格的にブレイクしたMr.Children「CROSS ROAD」も、またSMAP初期のヒット作「がんばりましょう」もそうでした。「♪なんだかなぁ　もう」と愚痴るものの途中から前を向き直すという歌詞には、この時代らしさを感じます。

このような時代の雰囲気がなぜ形作られたのでしょうか。その背景の一つには、80年代から続く自己の虚構化があるように思います。

虚構化する自己と状況化する友情

自己というのは、成長しながら獲得するものとかつて見做されていました。それは、子供が現実的に親や世界や人々と触れ合う中で、標準的なコースを辿《たど》り、発達していくというモデルで捉えられています。心理学者のピアジェやエリクソンは発達段階説、つまり発達は直線的に進むのではなく段階から段階へとカクカクと進むという考えを推し進めました。そのエリクソンが世の中に広めた言葉こそが「アイデンティティ」であって、標準的なモデルの発達により自己が確立していくというような考え方です。

しかし、近代化が進むと自己はそのようなはっきりとした固定的な確立の仕方ができなくなっていきます。特に80年代には、自己とは自分自身の方向づけ・動機づけにより変わっていくものであり、さらに絶えざるセルフモニタリングにより常に修正され、変わり続けるものとなりました。

前の節では、80年代に盛んになったCI＝コーポレートアイデンティティのお話をしましたが、これと似たことが個人でも起きていました。「キャラ」という言葉が出現したのもその頃でしょうか。自己は一つのはっきりと確立されたものではなく、状況に合わせて自分で変えていくもの、という感覚が強まっていきます。

企業でも個人でも、自分のイメージはその人に固有で、代替不可能なものではなく、考えて狙って打ち出すものである。ひいては状況によって変えていくものである、と見做されるようになりました。そうなると、どのような「自己」であるかの責任について、その人自身に常に問われる事態になります。つまり、自分が自分であることはそれを選んだ自分に責任があるという、なんともやっかいな状況になってしまったのでした。

このような状況と大変親和性が高いのが「自己責任」という言葉です。2004年のイラク日本人人質事件で流行語のようになった言葉ですが、注目されるようになったのは、90年代半ば以降のことだと言われます。

金融自由化をにらみ、個人投資家は自分の考えで投資をするべきで失敗したとしても政府は守らない、というような論調でした。日本は80年代までは銀行や大企業や政府が一緒になって横並びで金融政策を進めていましたが、その感覚ではダメだということです。

ところがこの金融に使われる用語だった自己責任が、なぜか徐々に一般的なものとなり、やがて2004年に爆発的に使われるようになりました。

その背景の一つとして考えられるのが、虚構化する自己、つまり自己もまた自分が狙って作り上げるものだという考え方です。自己とは自分で狙って作り上げたものであるのならば、その責任も自分が負わなければならない。つまり「自己責任」です。それ以前は、その人の「自己形成」とは社会や教育、生まれた環境など、自分ではどうにもならない諸条件と紐付けて解釈されてきました。しかし「自己」もまた、「責任」において語られるようになったのです。

もう一つ、自己の虚構化を背景にした社会現象を挙げておきたいと思います。それは「自分探し」です。真の自分は今の自分ではなく、どうにかして探し出さなければいけない。そのために「自分探しの旅」に出る……というようなことがゼロ年代にもてはやされました。今の自己は自分が狙って作り上げて提示したもので、自己責任だと言われるのはつらい。そこでこの今の自己は本当の自分ではないということにして、どこかにある「本当の自分」なるものを設定しようという訳です。

今置かれている状況や、自分の理想と現実とのギャップのつらさ、といったアイデンティティの問題をふわっとした形に棚上げすることで、つらさややるせなさを乗り切る仕組みがここにはうかがえます。とはいっても「本当の自分」なんてものが実際にどこかにある訳もないので、結局無駄な彷徨《ほうこう》に終わることも多かったでしょう。当時は日本経済がそれなりに余力があったので、楽しい旅の経験とも見做されていたのだと思います。少なくとも今ほどの絶望感はなかったでしょう。

この様子は、90年代の音楽に見られる「奇妙な明るさ」と共鳴するように思います。「N.O.」に登場する「学校ないし　家庭もないし」の主人公は、自分の状況を「嫌じゃない」としながらも「カッコつかないし」と位置付けています。客観的に考えると、暇もなく過ごしているのにカーテンをつける精神的／経済的余裕がないのはそこそこ切羽詰まった状況です。しかし主人公は自分が選択した現状を「嫌じゃない」と引き受けています。恐らく自分自身が選んだ道だからでしょう。それと同時に「カッコつかない」とセルフモニタリングしていて、全てを肯定できない状況下でなんとか乗り切ろうとする姿勢が、「奇妙な明るさ」として描かれていると解釈できるのではないでしょうか。

こうした中で、自分と自分自身との関係だけではなく、自分と他人との関係性にも変化が生じます。それは、「全人格的な人間関係」から「状況的な人間関係」へ、と呼ばれてきたものです。全人格的な人間関係とは、相手のことを全て知ってあらゆる状況下で結ばれている強い結びつきで、それを得るためにはお互い自分の全てをさらけ出す必要があります。一方で状況的な人間関係とは、関係に応じて異なる自己を使い分け、それぞれの相手と結ぶ関係のことです。

多元的な自己

リキッド・モダニティ、液状化した近代世界では自己もまた流動的です。しかし完全に断片化してしまう訳にはいきません。そこで進むのが「多元的な自己」だとされています。多元的な自己については、アメリカの社会学者のリースマンが提唱した理論が有名ですので、ここでざっくりとですが紹介しましょう。

まずリースマンは、そもそも自己というものは社会に応じて変わるものだと考えました。社会が違えばその社会で適応的と見られる自己の形も違ってくるということです。違う社会にはそれぞれ違う標準型があり、それぞれの社会の中でなんとか生きていくために人はその標準型に合わせて自己を適応させる、というのがごく大雑把なリースマンの考え方です。

この議論は、他者の動向を出発点として自己の方向性が決められていくため、周りにいる他者のあり方により自己のあり方も変わっていくという形に進めることができます。そうすると、異なる他者と接している場合は、それぞれ別の自己のあり方があるということになります。

異なる他者といっても母親や父親とならばあまり変わらないかもしれませんが、母親と学校の友達と塾の先生とバイト先の先輩とでは、自己は全く違ったあり方になる、というのはわざわざ言われなくても実感があることと思います。リースマンはこのように、近代社会では自己が多元的になっていくのは避けられないと考えました。このような多元的な自己は、批判されることも当然あります。よくある批判は、「人は全力でぶつかり合ってこそ真の人間関係が構築できる」とか「ちょっとずつ付き合う浅く広い関係では成長にならない」というようなものです。

しかし、こうした評価は「真の」とか「成長にならない」などの言葉の定義次第でどのようにでも解釈することができるでしょう。といってもこれでは私自身が出した例を批判する「藁《わら》人形論法」になってしまうので、たとえを一つ出したいと思います。これはアイデンティティの問題を扱った名著であり、本書でも参考にしている浅野智彦氏の『「若者」とは誰か』（河出ブックス、２０１５年）に出てくる例を踏まえて改変したものです。

Ａさんは Ｂさんから恋愛相談を受けました。その相談でＡさんはＢさんに「別れた方がいいよ、どう考えてもダメな人だから」と言いました。しばらく後ＡさんはＣさんから恋愛相談を受けます。驚いたことに、相手は同じ男性でした。ＡさんはＣさんに言いました。「付き合うといいんじゃない、型にはまらないで面白い人だよ」。

同じ男性について、Ｂさんには「ダメな人」と言いＣさんには「面白い人」と言ったＡさんの態度を、ダブルスタンダード＝二重基準といえるでしょうか。もちろん細かい状況もあるでしょうからこれだけでは一概には言えませんが、しかしこういった一見ダブルスタンダードに見えるようなことが、実は真摯な態度からもたらされているということもあるように思います。例えばＢさんはとても几帳面《きちょうめん》な人で、彼女から見れば、その男性はだらしなく感じるだろうから、付き合うのは厳しいだろう。しかしＣさんは割と自由な女性で、その男性とは相性がいいかもしれない。こう考えたとしたら、それは充分真摯な態度です。多元的な自己は、いってみればそれぞれの他者との関係性に依《よ》っています。そして当たり前ですが人はそれぞれ違います。人が違い、自己も違うのですから、結論がまるっきり正反対だったからといって必ずしも悪いと糾弾はできないのではないでしょうか。

現代では自己は多元化せざるを得ません。だとすれば多元化した自己でどうやって真摯に、誠実に、そして楽に生きていけるのかを考えるべきだと思うのです。

友情に見る光

このように多元的な自己が他人と人間関係を結ぶことにおいては、昔のようなやり方は有効ではありません。

全人格的な人間関係とは「全てをさらけ出す」ことが要求される関係です。あるいは実際にはさらけ出さなくてもさらけ出しているんだという相互の了解が必要でした。逆にいえば、相手は自分の全てを知っているということが友情の証《あかし》になります。共犯関係という言い方があります。一緒に学校をサボって遊びに行ったとか、こっそりお酒を飲んだとか。人には言えない秘密を共有している状況とは、すなわち互いを開示していることになるでしょう。ヤンキーが仲間を作るのはこの図式で、これは全人格的な人間関係を結びやすい状況といえるかもしれません。

「全てをさらけ出した」場合、自分を客観視してくれる相手の方が、自分自身よりも自分のことを見抜いている、ということが起こり得ます。夏目漱石の『こころ』では主人公が「精神的に向上心のないものは馬鹿だ」と友達に言うことで相手を追い詰めますが、それは友情があるから相手を理解した上で厳しく接するという当時の人間関係を描いている訳です。つまり、漱石の時代には全人格的なつながりが当たり前だったことがうかがえます。

ひるがえって、現代では「全てをさらけ出す」のはむしろ「ウザい」「重い」と見做されているように思います。ツイッターなどで「自分語り」が敬遠されることがよくありますが、まさにその感覚です。現代的な人間関係の構築に必要なのは「相手と自分の共通項を端的に指し示す」ことであり、例えば学歴や勤務先のように、必要な情報とはその人の人格の一端を知ることができる背景です。

また、再帰的な自己にとってはセルフモニタリングの情報が大変重要です。相手が自分を見る態度が「優しい」「前向き」であれば、良い人間関係が結べそうだとは思いませんか？　これは単に居心地がいいとか馴《な》れ合っているという単純な話には留《とど》まりません。

セルフモニタリングの後には自己の修正が待っています。だから、好意的に見てくれる相手とは、その自己の修正にとってポジティブなフィードバックをしてくれる相手といえます。再帰性のリソースとしてお互いを評価し、その評価を基に相手との人間関係を構築する上で、良い循環を作ってくれる鏡となる存在です。

実はこのような人間関係こそ、寛容や連帯、他者への責任のようなものを育む可能性をはらみます。逆のように思えるかもしれませんが、お互いをリソースとする多元的な自己同士を結ぶという関係は、現実での損得の勘定を超えたものになります。再帰性のリソースとして他者を評価するというと、「他者を自己の踏み台にするのか」と思われるかもしれませんが、当然ながらこれは相互に行われるものです。要は、ダメ出しをするのではなくポジティブなフィードバックに焦点化するのです。

「全てをさらけ出さない」人間関係においては、むしろ現実世界での利害関係はその段階では入り込むことができないのです。流動化し不安定な関係の中でも、損得に関係なく継続されて結び続けられる人間関係が、友達と呼ぶにふさわしいものなのではないでしょうか。それが得られれば、現代では本当に貴重なことです。そしてこれこそが、石野卓球さんによる「キミたちのほとんどは友達がいないから分からないと思うけど友達って大事だぜ。あと〝知り合い〟と〝友達〟は違うよ」という言葉に、私を含め多くの人が感動した理由だと思います。

石野卓球さんとピエール瀧さんのような友情には到底及ばないかもしれませんが、流動化する社会における友達作りは、今後、旧来の様々な人間関係を問いただしていくことでしょう。

家族もまた変わる

変わる人間関係ということでいえば、大きく変わることになるだろうし、また変わることを期待したいのが、私が研究の専門としている「家族」です。家族は今、大きく変わろうとしています。

かつての日本では「愛し合う二人は結婚するもの」という強い固定観念が根付いていました。その状況を支えていた大きな背景には、結婚は一種の社会保障パッケージであるという考え方がありました。女性の学歴が低く社会で働くのが一般的ではなかった時代には、そうした考え方を受け入れる方が実際に生きやすかったという状況があり、納得していた人が多かったのも事実です。

でも女性の学歴が上昇し、社会進出も果たしてバリバリと働くようになった現代では、必ずしも「生活を安定させるための社会保障」として結婚を選ぶ必要はなくなりました。つまり、損得ベースの結婚関係は終わりつつあります。では新しい結婚とはどんなものでしょうか？

それは、先ほどからの議論である「多元的な自己」に倣っていえば、「多元的な結婚」とでも呼べるでしょうか。これからは一人一人に適切な結婚のあり方があり、その姿は一人一人異なるでしょう。実はこれまでもそうだったのかもしれませんが、これからはそれがオープンになると思います。

かつては「好きな人ができて、結婚したら二人で暮らす」という考え方は当たり前のものでしたが、現代においては愛し合う二人だからといって一緒に住む必要はありません。それぞれが異なる地域で働くカップルであれば別居婚という選択肢もあります。他の人たちと一緒に住むシェアハウスの一員に夫婦でなるという考え方もあります。

世の中の多くの人は、「付き合ったらご飯を食べて、高価なプレゼントをして、ベッドを共にして……」などといったイメージが強すぎて、恋愛や結婚を一つのパッケージとして考えすぎなのではないでしょうか。

「この人とご飯を食べたらほっとする」という相手と「この人と朝までいたい」という相手が必ずしも一緒である必要はありません。いわば、夫婦生活の多元化です。従来の夫婦が行っている全ての行為の対象を一人のパートナーに絞る必要もないのです。

状況ごとに最適なパートナーを選んだっていい。血縁や法律上の関係を超えて、一緒にいるとリラックスできる相手。そうした相手と一緒にいることが、何も悪いことではなくなる時代がやってきてほしいと願います。

ただし、その実現には一つ条件があります。それは、法律上の家族や結婚の有無に関係なく、誰でもきちんと一人で生活できる社会です。

かつて、自立した自己を確立しようと一人で何もかも背負い込んだ人たちが、結果として孤立してしまうということがありました。90年代の話です。何もかも一人でできるということと、他者を必要としないこととは全く別の話だと身をもって示しているのが、電気グルーヴだと思います。

ファンの間ではよく知られていることですが、実はピエール瀧さんは楽曲制作において実質的な作業はほとんどやっておらず、石野卓球さんがいれば音楽的なことはできてしまいます。ライブにおいても、ピエール瀧さんは演奏どころか歌唱もしないで踊ったり客席を煽ったりしている時間が長いくらいです。でも、石野卓球さんのソロプロジェクトと電気グルーヴはサウンドもコンセプトも全く異なっています。ピエール瀧さんがいなければ石野卓球さんは電気グルーヴを続けることはできないのです。

誰もが自立して生きられる社会というのは、損得を超えた水準で、必要としたりされたりする他者を見出《みいだ》すことができる社会なのではないでしょうか。当然、結婚することも結婚しないことも自由です。パートナーの有無にかかわらず、子供を持つという選択も可能です。自分の優先順位やニーズに合わせて親しい人間関係の形を自由に作っていくというのは、単なる行き当たりばったりとは違います。電気グルーヴはこうした状況下で選択される関係を「友達」だと称しました。同じように、夫婦関係や親子関係も、新しい時代に合わせて変化していくのではないでしょうか。それがこれからの家族のあり方だと思っています。

その都度選択できる社会を目指そう

液状化した近代世界では「決定しない」ということが合理的だという話を第三節でしました。企業も同様です。ソニー・ミュージックレーベルズの行った、電気グルーヴの音源・映像の出荷停止、在庫回収、配信停止は本当にひどい決定だったと思います。

私たちは今回、署名活動という形で抗議を行いました。これまで企業に対する社会的な抗議といえば「不買運動」が一般的だったのではないでしょうか。しかし私たちは不買運動はしていません。逆です。私たちはCDやDVDを買わせろ、音楽を聴かせろと要求したのです。ものを売っている会社に、その売っているものを買わせてくれと言っているのが、そんなにおかしなことでしょうか?

決定を覆すことはいつでも可能です。変な前例の踏襲を「決定しないで」、フレキシブルにその都度その都度選択していけばいいのです。

決定しないというのは、もちろん人間関係でも有効です。大切な相手、例えば恋人や夫・妻や友達。それら多様な相手との付き合い方でもまた、「決定しない」ことが意味を持ちます。

また、「その都度選べる社会」は、失敗を致命的にしない社会でもあります。一度の失敗で抹殺されるような社会はごめんです。ピエール瀧さんのことも含めて、その都度選択肢の中から選べて、失敗してもセカンドチャンスが与えられる、そんな社会になってくれることを願います。

第二章　歴史と証言から振り返る「自粛」

かがりはるき

第一章で永田さんが書かれている通り、私、かがりはるきは「電気グルーヴの音源・映像の出荷停止、在庫回収、配信停止を撤回してください」と題した署名活動において、共同発起人を務めました。

署名活動の発案者は永田さんですが、ピエール瀧さんの逮捕とそれに対する関係各社の自粛の動きを見て、当初から「一体何のための自粛なのか」と疑問を抱いていました。いや、より正確に述べるなら、ミュージシャンや俳優などの不祥事にまつわる自粛の動きには以前から大きな違和感がありました。法律で決まっている訳でもないのに、なぜ音楽が聴けなくなるのか？　この自粛は一体何のためにやっているのか？　一体誰が得をするのか？　改めて考えてみると、疑問は次々湧いてきます。そのため、永田さんとの間で署名活動の案が持ち上がった時にも、迷わず賛成し、共同発起人を務めることにしました。

署名活動において私は、キャンペーンページのＦＡＱ（よくある質問と回答集）を書いたりツイッター等で署名の呼びかけを行ったりと、外に向けて発信する文章を多く書きました。活動を始めた時点で、自分たちの信念や訴えている内容への自信はありましたが、より客観的に説得力のある主張をするため、これまでになされてきた「自粛」の先行事例を調べることにしました。

「表現者が逮捕されたので、その者の関わった作品を封印する」――その対応は、いつから始まって、どのように変化してきたのでしょうか？　「自粛」史を調べるにあたり、私は二つの仮説を立てていました。

一つめは、「平成は『自粛の時代』だったのではないか」ということ。昭和から平成の変わり目は、昭和天皇の崩御に伴い日本全体が自粛ムードに包まれていました。また逆に、平成から令和の変わり目においては、改元に乗じた商品やイベントなど、お祭りに似た様相を呈していました。

もう一つの仮説は、「平成の30年間で、自粛が年々厳しくなっているのではないか」。以前から自分の肌感覚で認識していたことですが、この機会に客観的なデータで立証してみたいと思いました。

結論を先に述べてしまうと、二つの仮説は、いずれも当たっていたようです。

本章では、巻末の表に載せた「音楽自粛小史」のうち、主だった事例を時系列順で取り上げ、さらに「自粛」に直面したことのあるマネジメント事務所関係者、ミュージシャン、そしてレコード会社関係者の方々に直接インタビューし、「なぜ自粛が厳しくなっていったのか」、そして最終的には「何のための自粛なのか」を考えていきたいと思います。

なお、こうした過去の事例を調べる行為には「有名人の過去のあやまちを蒸し返してしまう」側面もありますが、過去をあげつらうような意図は一切ないことを先に申し上げておきます。

※「復帰」の定義は、新曲をＣＤや配信でリリースした場合はその日付、もしくは事前告知の上でライブをした日付を採用。槇原敬之さんが坂本龍一さんのコンサートに飛び入り出演したような例は除外。

第一節　音楽自粛30年史

尾崎豊――懲役1年6月、執行猶予3年、復帰は半年後

まずは、自粛がほとんどなかった時代の例から見てみましょう。1987年（昭和62年）12月、尾崎豊さんが覚せい剤取締法違反容疑で逮捕され、判決でも懲役1年6月、執行猶予3年が確定しました。

2019年（平成31年）のピエール瀧さんの逮捕から遡ること30年以上前の事件ですが、量刑や執行猶予期間は全く同じです。しかし、それに対する自粛の内容は大きく異なりました。

逮捕の翌月、1988年（昭和63年）1月に予定していた武道館公演は（逮捕後の勾留期間と重なっていたという物理的な事情もあり）さすがに中止となりましたが、それを除けば、これといった自粛はなかったといってよいでしょう。そして逮捕から半年後、まだ執行猶予中でしたが、シングル「太陽の破片」をリリースして復帰しました。その翌日にはフジテレビ「夜のヒットスタジオ」にも出演しています。

BUCK-TICK――半年の謹慎を経て東京ドーム公演

2年後の1989年（平成元年）4月。BUCK-TICKの今井寿《ひさし》さんがLSD使用により麻薬取締法違反容疑で逮捕され、懲役6月、執行猶予3年の判決を受けました。

この件では「自粛」の萌芽《ほうが》ともいえる措置やメディア対応が見られました。作品に対する回収等の措置こそなかったものの、直後に予定していたツアーは中止となり、BUCK-TICKのメンバー全員が約半年間の謹慎をしました。ただし、今井寿さんの脱退などはなく、今井さん本人は復帰直後のインタビューで、事件のことをこう振り返っています。

「ツアーが中断になったのはどうしようかと思ったけど、事務所とかレコード会社とか大家とか、そういうビジネス面での迷惑がすごくかかるわけだから、ああとんでもないことしちゃったなっていうのがそこで初めてわかった」（『ROCKIN'ON JAPAN』1990年1月号）

また、『ROCKIN'ON JAPAN』1999年（平成11年）12月号の、日本の90年代ロックを振り返る特集でも右のインタビューに触れられており、同誌編集者（当時）の中本浩二さんが「その事件の時はほとんどの音楽誌がBUCK-TICK関係の記事を削除したり、シカトしたり、なんか嫌な自粛ムードがありました」と語っています。

こうした証言から、ミュージシャンや周囲のスタッフから音楽誌に至るまで、BUCK-TICK

に関して明らかな「自粛」ムードが感じられます。

とはいえ、現在の感覚からすると、自粛の期間自体は短く、復帰も華々しいものでした。約半年間の謹慎を経た後の復帰の場はなんと、年末の東京ドーム公演「バクチク現象」。もちろん今井さんはこの時点で執行猶予中です。

当時、BUCK-TICKは破竹の勢いで、この直後に代表作といえるアルバム「悪の華」もリリースします。レコーディングに要する期間を考えると、謹慎期間中といっても実際には音楽の制作活動をしていたと見ていいでしょう。

今、ミュージシャンが逮捕から半年後、しかも有罪が確定した執行猶予中に、東京ドームで復帰公演を開催しようとすれば、どんなに人気があったとしても大変なバッシングに遭うのではないでしょうか。そう考えると、30年間で「常識」が大きく変化しているように感じます。

長渕剛——起訴猶予からの活動再開

もう一つ、現在の「常識」と比較したい事例を紹介しましょう。1995年（平成7年）1月、長渕剛さんが大麻取締法違反容疑で逮捕されましたが、3月には起訴猶予となりました。そして7月にはライブビデオ「Captain of the Ship」を発売し、10月には復帰シングル「友よ」もリリースしています。この曲は翌年のテレビドラマ「炎の消防隊」の主題歌にも採用されました。

もちろん「推定無罪」の原則通り、逮捕の段階でレコード会社が自粛する必要はありません。しかし現在、ミュージシャンが逮捕されると、その時点で自粛が始まります。ピエール瀧さん、田口淳之介さん、KenKenさん、JESSEさん、沢尻エリカさん――いずれの事例でも、逮捕された直後にレコード会社から作品の出荷停止等の対応が発表されています。

逮捕直後にすぐ自粛してしまう現在の「常識」。さらに問題なのは、不起訴処分になったり裁判で無罪になったりした場合、ミュージシャンが受けた自粛による痛手はどうケアされるのかという点です。元通りの形で復帰できないことも考えられます。有罪であったとしても刑期、または執行猶予期間が終われば、活動に制限をかけられる理由は何も無いでしょう。しかし執行猶予期間が終わっても自粛が続くケースも存在します。この問題については本章の終盤で、改めて触れます。

L'Arc～en～Ciel――大きすぎた「成功例」

さて、平成の音楽「自粛」史において、1997年(平成9年)と1999年(平成11年)に、二つの大きなターニングポイントがありました。その一つめが、1997年2月、L'Arc～en～Ciel(ラルク・アン・シエル)のドラマーだったsakuraさんの覚せい剤取締法違反容疑による逮捕です。

この当時、L'Arc~en~Cielは大ブレイクの直前、飛ぶ鳥を落とす勢いでした。前年にリリースした4作目のアルバム「True」が初のオリコンアルバムチャート1位とミリオンセラーを記録。頂点まで登り詰めたかのような記録ですが、後にこれを大きく上回る日本音楽史上に残るセールスを記録します。が、その最中でのメンバーの逮捕。状況としては先に紹介したBUCK-TICKに近いでしょう（4人組のバンドの1名が逮捕され、他のメンバーが謹慎を余儀なくされた、という点も重なります）。

sakuraさんの逮捕を受け、残るメンバーとスタッフは、前例のない対応をとりました。逮捕が公になったタイミングに合わせて、翌月にリリース予定だったシングル「the Fourth Avenue Café」の発売中止に加え、旧譜・映像作品・オフィシャルブック等の関連作品を全て出荷停止したのです。メンバーが出演していたラジオ番組や雑誌連載なども全て打ち切り。徹底的です。

ただ、当時のファンの証言によれば、この時在庫の「回収」はされておらず、旧作は店頭に残っていたそうです。また、この時発売中止になったシングルが改めてリリースされたのは、事件から9年後の2006年（平成18年）8月のことですが、シングルの表題曲は発売済みのアルバム「True」からのシングルカットで、ライブでもコンスタントに披露されていたため、特別に「お蔵入り」していた訳ではありません（ただし、シングルのカップリングだった「D'ARK～EN～CIEL」名義の楽曲のみ、２００６年の再リリース時に初めて日の目を見ました）。

また、公式発表の類は確認できませんでしたが――１９９７年４月17日のsakuraさんの初公判から、翌５月に懲役２年、執行猶予３年の判決が下されるまでの間に、作品の出荷停止処分が解除された、とする資料も見られます。これが事実だとすれば、出荷停止の期間は１～２カ月程度だったことになります。

店頭在庫が残っていたことも考えると、実際のところ「作品を聴きたいのにどうしても聴けない」立場にあった人はほぼいなかったでしょう。シングルの発売中止やレギュラー番組・連載等の打ち切りはメンバー・関係者やファンにとって決して小さくない損失だったでしょうが、一方で、こうした対応には、穿《うが》った見方をすれば「ポーズ」の部分もあったように感じられます。

ところが、このL'Arc～en～Cielのケースは良くも悪くも「成功例」となった。私はそう捉えています。

sakuraさんの正式な脱退表明は11月４日（ただしL'Arc～en～Cielの公式サイトの年表ではなぜか判決前の４月に脱退と記載）で、公式の脱退理由は「音楽性の違いのため」。一方、バンド自体はその前、10月17日リリースのシングル「虹」で活動を再開します。サポートドラマーには、後に正式加入するyukihiroさんが迎えられました（長年のファンに訊《き》くと、「虹」はバンドの再出発を象徴する、メンバーにとってもファンにとっても特別な曲だそうです）。

翌1998年（平成10年）1月、L'Arc~en~Cielはシングル「winter fall」で初のオリコンシングルチャート1位を獲得。さらに1999年7月には、アルバム「ark」「ray」を同時発売し、初動300万枚という前人未踏の大記録を打ち立てます。バンドの歴史を俯瞰すると、上り調子のところで訪れた大きなピンチを、「出荷停止」という妙手でバネに変え、さらなる飛躍に繋《つな》げたように見えます。

成長物語につきものの「挫折体験」の演出といっては過言かもしれませんが、レコード会社にとっては、これが「成功体験」になったのではないでしょうか。

槇原敬之《のりゆき》――「出荷停止、在庫回収」の定着

L'Arc~en~Cielの件と並び、もう一つの大きなターニングポイントといえるのが、1999年（平成11年）、槇原敬之さんの事件です。ここで初めて、店頭在庫の「回収」がなされます。

1999年8月26日、槇原敬之さんが覚せい剤取締法違反容疑で逮捕され、4日後には槇原さん本人の謝罪文が事務所のサイトで公開されました。1999年頃にはウェブを通してミュ

ージシャンが自ら情報発信することも一般的になってきており、所属レコード会社（ソニー・ミュージックエンタテインメント）と所属マネジメント事務所（槇原さんの個人事務所）がそれぞれ別個に情報発信をしていたのです。

事務所のサイトでは、同年9月から開始予定だったコンサートの中止・払い戻しの案内や、ファンクラブの活動継続が順次発表されました。「現段階で」「また、何か新しいことが決まり次第、アップしていきます」といった文言からは、現場の混乱している様子がうかがえます。

一方、レコード会社のサイトでは、逮捕から5日後の8月31日付で「ＣＤ全商品回収についてのコメント」と題した以下の文章が公開されています。

当社所属アーチスト、槇原敬之がマスコミ報道にありました通り、社会に反する不法行為の疑いで逮捕されました。
この事件に伴い、当社から発売されたＣＤ全商品回収を致します。
詳しい情報、回収に至るまでの経緯につきましては、明日9／1（水）正式に発表させていただきます。
対応が遅くなりましたことをお詫び申し上げます。

これが恐らく、日本の音楽史上初の、〝ミュージシャンの逮捕を理由とした〟作品回収の瞬間です。注目したいのは、文末の「対応が遅くなりましたことをお詫び申し上げます」の言葉。誰に対しての、何のための「お詫び」なのか不明ですが、槇原さんの逮捕から5日間のうちに多数の苦情が寄せられたのか、それともレコード会社の社内やグループ内で対応を急ぐ声があったのか——何にせよ、このように対応が遅れたことを申し訳ないとする感覚が、現在の「逮捕翌日にすぐ自粛」といった措置に繋がっているように思えます。

そして、右の文章で予告された通り、翌9月1日には「槇原敬之の商品回収、出荷停止措置について」の題で以下の文章が公開されます。長いですが、重要な内容なので全文引用します。

この度、ソニー・ミュージックエンタテインメントは当社の専属契約アーティスト槇原敬之が覚せい剤取締法違反の容疑で逮捕されたことに伴い、以下の措置を執ることにしましたので、その真意について説明いたします。

槇原敬之の逮捕容疑である覚せい剤取締法違反は、社会生活をするものにとって重大な反社会的行為だと考えます。

このような重大な犯罪を犯した一人の人間、槇原敬之が、シンガーソングライターとして作品を世に送り出し、多くのファンの皆様から支持を得てきたことに照らし、こうした違法行為はアーティストとしてのみならず一社会人としても、ファンへの裏切りに繋がるものと捉えています。

専属契約をして彼の作品をCD、ビデオとして発売をしてきた当社としましては、犯した罪の大きさに鑑みて、それらを市場から引き上げ、今後発売を予定している作品の発売も見合わせることが適当であると考えます。

当社といたしましても、苦渋の決断をする結果となりましたことは全く残念で心痛むものがあります。

しかしながら、事業を通じて社会的活動をしている当社としては、この違法行為に対して、厳正な判断を以《もっ》て臨むべきものと考えて結論を出しました。

槇原敬之本人も犯した罪を深く反省していると言うことですから、罪を償って再び音楽活動を通じて、ファンの皆様の期待に応えることを心から望むものです。


「最初はちゃんと、理由を説明していたのか」——自粛史を調べる中でこの文章を見つけた時、私個人の第一印象はこうでした。趣旨や主張に同意できるかどうかはさておき、関係者が協議を重ねた上で練り上げた文章、いわば「血の通った」文章に見えます。これに対して、電気グルーヴの時に「血の通っていない」ように感じられた対応は、第一章で永田さんが指摘した通りです。

さらに9月17日には「槇原敬之に関する当社にいただいた多数のご意見へのお礼とお願い」なる文章が追加で公開されています。


当社専属アーティスト槇原敬之の覚せい剤取締法に違反する行為に対して、当社がとりました一連の措置及び、9月1日に当社ホームページ上に掲載いたしましたコメントに対しまして、多数の方々から様々なご意見を頂戴いたしました。

そのご意見には、当社のとりました措置に対しまして、賛同下さるもの、反対をされるもの、あるいは措置の撤回を求め多数の署名を集められたもの等々、実に多岐に亘《わた》るものでございました。

何れの方々からのご意見も、その殆《ほとん》どは彼を暖かくご支援下さる気持ちの表れたものと受けとめさせていただいています。

これまで彼の作品をCD、ビデオ等として製品化して、多くの皆様にお買い求めいただいております当社といたしましては、誠に有り難いことと存じ、厚くお礼申し上げます。

しかしながら、先に、彼の犯した罪の重大さに鑑み、法治国家で事業活動を行っている企業として、やむなく発売商品の回収と新譜発売を見合わせることとする苦渋の決断をいたしました。
この後は、彼が自分の犯した罪を償って、一日も早く音楽活動を再開することを切に願うものです。
どうか、今般、当社宛に貴重なご意見をお寄せ下さいました多数の方々はじめ、ファンの皆様にはこの間の事情をご賢察下さいますよう、お願いいたします。

好意的に捉えれば標題の通り「お礼」と見られるメッセージですが、意地悪な見方をするなら「言い訳」のようにも取れる内容です。そもそも、9月1日の発表の後にレコード会社がこうして追加のメッセージを発信すること自体（現在の感覚から捉えると特に）異例のことです。そこで注目したいのが、「措置の撤回を求め多数の署名を集められたもの」という文言です。私設ファンサイト「Sweet Smile」管理人として当時署名を呼びかけたうちの一人、菅原光輝さんと幸運にも連絡がとれたので、詳しくお話を伺いました。

署名の目的はまさに「槇原敬之作品の発売再開」で、菅原さんの呼びかけに対し、他のファンサイトも総出で署名に参加したそうです。一部では誹謗《ひぼう》中傷などもあったものの、多くのファンやCDショップから好意的なコメントや協力の申し出もあり、なんと2万1133人もの方々の署名をソニー・ミュージックエンタテインメントへ提出。しかも、その全てが手書きの書面です（当時、デジタル文書による署名は本人確認ができず、偽装・偽名などと疑われる可能性を危惧したとのこと）。インターネットの普及率の低さや、ウェブを通して社会的な活動を行う人たちが今よりもずっと少なかったことを考えると、驚異的な成果といえるでしょう。菅原さんは署名活動を振り返り「あの当時のファンや事務局の頑張りは、ネットを探してももうほとんど見つからないですが、当時頑張っていた人たちの人生の一部になっていることは事実ですし、私と同じように想い出としていつまでも大事にしてくれていれば良いなと思っています」と述べていました。

つまり、レコード会社による異例のメッセージの背景には、署名活動に代表されるようなファンや小売店などからの反発の大きさがあったといえるでしょう。

1999年12月8日、槇原さんに懲役1年6月、執行猶予3年の判決が下され、同日、公式サイトを通じて槇原さんのメッセージも発表されます。なお、先述のようにファンクラブは休止しておらず、9月に保釈されてから公判に入るまでの間も、槇原さんの個人事務所によるファンクラブ会報の発行や公式サイトの運営は続いていました。判決から約半月後、槇原さんは坂本龍一さんのライブへ飛び入り出演し、非公式ながらステージ復帰を果たします。

翌2000年（平成12年）、槇原さんはレコード会社をワーナーミュージック・ジャパンに移籍し、5月にベストアルバム、11月に新アルバム「太陽」を発表。以降、槇原さんはコンスタントに作品の発表やコンサートを続けてゆきます。

一方、槇原さんの逮捕時に作品の回収・出荷停止を断行したソニー・ミュージックエンタテインメントは、「太陽」リリースの翌週、ここぞとばかりにベストアルバムを発売しています。回収・出荷停止の処分がいつ撤回されたのか不明ですが、他社から新譜が出たタイミングでベストアルバムを出すとは、なんとも商売上手です。

ところで槇原さんの代表曲といえば、SMAPに提供した「世界に一つだけの花」。誰もが知っている日本の音楽史上トップクラスの特大ヒット曲ですが、元々はアルバム曲で、それが草彅《くさなぎ》剛さん主演のドラマ「僕の生きる道」の主題歌になったことをきっかけにシングル・バージョンがリリースされ、当時で200万枚以上ものセールスを記録します（後に2016年SMAPの解散報道を受けてファンが購入したことでリバイバルヒットし、300万枚を突破）。「世界に一つだけの花」が初収録されたSMAPのアルバム「SMAP015/Drink! Smap!」が発売されたのは、2002年（平成14年）7月。先述のように、懲役1年6月、執行猶予3年の判決が出たのは1999年12月のことですから、「世界に一つだけの花」発売時点で槇原さんはまだ執行猶予中の身だったことになります。

誰もが認めるトップアイドルのSMAPですが、「執行猶予期間が明けないうちにSMAPへ曲を提供するなんてけしからん！」などの批判は特になかったようですし、そもそも当時「執行猶予中は活動を控えるべき」といった考え方自体が（少なくとも公のメディア上では）存在しなかったのでしょう。なお、槇原さんの件や「執行猶予期間と活動自粛」については、本章の後半でレコード会社側の内情を伺っています。

本書の作業も佳境に差し掛かった2020年（令和2年）2月、槇原敬之さんの2度目の逮捕のニュースが入ってきました。

容疑は覚せい剤取締法違反と医薬品医療機器法違反。ただし主な容疑は「2年前に覚せい剤を所持していたこと」である点や、また、逮捕後の尿検査で違法薬物の使用反応が出なかったにもかかわらず起訴されているなど、捜査の経緯に疑問の多い事件となっています。

また、「薬物報道ガイドライン」からかけ離れた報道が依然として目立つ一方で、捜査段階で容疑者のことを断罪する行為に異をとなえる意見も見られました。後者には、私たちの署名活動の影響も少なからずあったのでは……？と思いますが、どうでしょうか。

ともかく、そうした背景もあってか、1999年の前回の槇原さんの逮捕時とは真逆といっていい「自粛」の様子が窺えます。というのも、2020年3月現在、槇原さんの楽曲は販売も配信も「停止されていない」のです（3月4日に発売予定だったアルバムが延期になったり、テレビ番組で槇原さんの楽曲が差し替えになるなどの対応は見られる)。１９９９年の槇原さんの事件をきっかけに当たり前となった「ミュージシャンが逮捕されたらすぐに楽曲の流通を止める」対応が、２０２０年の槇原さんの事件をきっかけに見直されつつあるのでしょうか?

岡村靖幸――三度にわたる逮捕から迎えた最盛期

続いて、岡村靖幸さん。２０１１年(平成23年)にアルバム「エチケット」で復帰して以降、今やキャリア史上最盛期といっていいほどの活躍ぶりで新たなファンも続々と獲得していますが、覚せい剤取締法違反による三度の逮捕と復帰を繰り返す時期がありました。

１回目の逮捕は、２００２年(平成14年)末から２００３年初頭にかけての時期だと「推測」できます。時期がはっきりしないのは、実は、この逮捕が当時リアルタイムでは報じられなかったためです。１９９０年代後半から２０００年代初頭にかけては川本真琴さんなどのプロデュースワークが中心で、自身が表に出る機会の少なかった岡村さんですが、２００２年9月に石野卓球さんとのユニット「岡村靖幸と石野卓球」名義でシングル「come baby」をリリースします。その後もこのユニットによるシングルやアルバムのリリースが予定されていたのですが、これらが急遽《きゅうきょ》発売中止となってしまいます。また、同時期に予定されていた所属レコード会社のライブイベントや雑誌連載なども相次いで取りやめとなりました。

復帰（といっても逮捕が報じられていないのでこの言葉を使うのは微妙ですが）は非常に早く、２００３年（平成15年）３月に懲役２年、執行猶予３年の判決が出た後、同年８月の「ROCK IN JAPAN FESTIVAL 2003」で表舞台へ復帰。同月発売の「ROCKIN'ON JAPAN」で雑誌連載も再開しています。翌９月にはコンサートツアーもスタートし、発売中止になっていた「岡村靖幸と石野卓球」の作品は、ユニット名を「岡村と卓球」に改名した上でアルバムのみリリースされました。こうしたドタバタの裏側に逮捕があったことは、２００５年（平成17年）の再犯時に初めて明らかになります。

以上の経緯から分かるように、L'Arc~en~Cielや槇原敬之さんの前例が既にありながらも、岡村靖幸さんの最初の逮捕に関しては、（「岡村と卓球」関連のリリースのゴタゴタやライブ・連載のキャンセルこそあったものの）出荷停止、在庫回収などの自粛措置はなかったのです。

しかし、岡村さん逮捕の４年前に槇原敬之さんの作品を出荷停止、在庫回収した時、レコード会社はその理由をこう述べていました。「事業を通じて社会的活動をしている当社としては、この違法行為に対して、厳正な判断を以て臨むべき」「犯した罪の重大さに鑑み、法治国家で事業活動を行っている企業として、やむなく発売商品の回収と新譜発売を見合わせる」。

このように槇原さんの時に「違法行為に対して、厳正な判断を以て臨むべき」ことを理由に自粛措置をとったのであれば、岡村靖幸さんの最初の逮捕の時にも、逮捕の事実が公になっているか否かに関係なく、「厳正な判断」をしているはずです。しかし、実際はそうなっていません。つまり、この時のレコード会社の措置は「違法行為に対して、厳正な判断」をした結果ではなく、世間の風当たりを意識した「恣意的な判断」に過ぎない、と見られても仕方がないでしょう。

ちなみに槇原さんの当時のレコード会社は、ソニー・ミュージックエンタテインメントでした。そして、岡村靖幸さんが当時所属していたレコード会社はエピックソニーです。そう、いずれも同じソニーミュージック系列に属するレコード会社です。さらに、「岡村と卓球」名義の作品もやはりソニーミュージック系列のレーベル・キューンからリリースされていますが、1997年（平成9年）、L'Arc～en～Cielの出荷停止を決断したレーベルも、まさにこのキューンでした。そして、電気グルーヴが初期から現在に至るまで所属し続け、ピエール瀧さんの逮捕時に回収・出荷停止、配信停止を即断即決したのも（2014年〈平成26年〉にソニー・ミュージックレーベルズの社内レーベルとなっている）キューンでした。

さて、その後の岡村さんですが、最初の逮捕より約2年半後の2005年5月、覚せい剤取締法違反容疑で二度目の逮捕となります。2003年（平成15年）の判決による執行猶予期間中だったため、猶予取消により懲役1年6月の実刑が確定します。出所後、復帰の場となったのは2007年（平成19年）3月の「AP BANG! 東京環境会議 vol.1」で、約2年半ぶりのライブとなりました。同年内に新曲のリリースやツアーも続き、順調に活動を再開します。

ところが翌2008年（平成20年）2月に三度目の逮捕。薬物依存からの回復の難しさを感じます。同年5月に懲役2年の実刑判決が下り、再びファンの前から姿を消すこととなりました。この実刑判決の後は2010年（平成22年）の春頃に出所したと思われ、MySpaceで未発表音源を公開したり他のミュージシャンのリミックスを引き受けたりしつつ、2011年（平成23年）5月に本格的な活動復帰を果たします。以降、現在に至るまでの活躍ぶりは最初にも述べた通り。

このように、岡村靖幸さんに関しては、自粛の方針が特に場当たり的であるように思えます。もちろん、一貫した強力な自粛を求めているわけではありません。レコード会社側の対応が恣意的なものであることの証左と捉えているのです。

ASKA——先鋭化する自粛とバッシング、そしてそれへの反発

2000年代後半以降の薬物による逮捕・自粛の例でいえば、2009年（平成21年）の酒井法子さんの逮捕などいくつか挙げられますが、その中でも自粛対応やメディアによるバッシ

ングが過激化・先鋭化し、またそれに反発する人々の動きも見られた大きな事例といえば、CHAGE and ASKAのASKAさんの件でしょう。

ASKAさんが逮捕されたのは2014年（平成26年）5月のことですが、逮捕から遡ること約1年前の2013年（平成25年）7月、「スクープ!! 超大物シンガー薬物中毒」と「東京スポーツ」で薬物使用疑惑が報じられています。この記事は名指しでこそないもののASKAさんを指していることが明らかで、実際、この報道を受けてASKAさんや所属事務所は同年9月に疑惑を否定するコメントを出しています。しかし、10月に「週刊文春」に掲載されたインタビュー記事でASKAさんが薬物使用疑惑を一部認めたことから、状況は一変。所属事務所はこの記事に対し「弊社は一切関知しておりません」と主張しつつも、「これまでに世間を騒がせてしまったことと社会的責任の重さ」を理由に、ASKAさんの活動自粛を発表します。逮捕に先んじること7カ月も前のことです。

このようにASKAさんについては、逮捕前の経緯からして既に、マスメディアがこぞって「スクープ」を求めていた様子が見てとれます。

こうした報道の過熱を経て、2014年5月17日、ASKAさんは覚せい剤取締法違反容疑で逮捕されます。逮捕の翌々日には、所属事務所がCHAGE and ASKAおよびASKAさんのソロの音楽・映像および関連商品の販売の中止を発表。またその翌日、6月18日発売予定であったＢＤ・ＤＶＤ「宮崎駿監督作品集」におけるＣＨＡＧＥ ａｎｄ ＡＳＫＡ「On Your Mark」（宮崎駿が監督したミュージックビデオ）の収録中止と、（内容差替の作業のため）発売日の延期が発売元のウォルト・ディズニー・ジャパン株式会社より発表されます。以降、福岡市の市制１００周年イメージソングとして制作された楽曲「心のボール」の使用中止や、公益社団法人セーブ・ザ・チルドレン・ジャパン「Save the Children with CHAGE and ASKA」の活動終了など、各方面での自粛が続きます。

同年９月には懲役３年、執行猶予４年の判決を受けます。その後、薬物依存の治療を受けた後、２０１６年（平成28年）の１月にＡＳＫＡさんはブログを開設するとともに「７００番」と題した文章（後に書籍化）を発表します。半生を振り返りつつ盗聴被害などを訴える内容で、ここでは詳述しませんが、様々な憶測・噂《うわさ》を呼びました（この話題については、ＡＳＫＡさんと同じ時期に同じ病院の同じフロアで薬物治療を受けていた石丸元章さんの著書『覚醒剤と妄想 ＡＳＫＡの見た悪夢』〈コア新書、２０１７年〉がお勧めです）。

そして同年11月、ＡＳＫＡさん自ら「自宅が盗聴されているので確認してほしい」と１１０番通報した後、その３日後には警視庁組織犯罪対策第５課に覚せい剤取締法違反容疑で逮捕されます。しかし、その３週間後、「尿として任意提出された液体が本人の尿だと立証できなかった」ことから、不起訴処分となりました。

こうしたセンセーショナルな内容からマスコミの報道も過熱する一方、テレビ番組「ミヤネ屋」で芸能リポーターの井上公造さんにより、ＡＳＫＡさんへの電話取材の内容や未発表曲のデモ音源などが本人の許可を取らずに公開されたり、ＡＳＫＡさんがタクシーに乗車した際の車内カメラの映像が複数のテレビ局でオンエアされたりと、「プライバシー侵害」の一線を越えた報道が相次ぎます（後に、井上公造さんやタクシー会社はＡＳＫＡさんから訴訟を起こされ、損害賠償金を支払っています）。

一方で、こうした過度な報道や自粛に反発する動きも見られるようになりました。その象徴が、２０１７年（平成29年）1月に作られた「薬物報道ガイドライン」（第一章にて詳述）でしょう。また、２０１４年の逮捕時にも、フジテレビがフジテレビオンデマンド（オンライン動画配信サービス）におけるＣＨＡＧＥ ａｎｄ ＡＳＫＡの楽曲を用いたドラマの配信継続を発表したり、先述の「宮崎駿監督作品集」における発売元のウォルト・ディズニー・ジャパンの収録中止の判断に対して権利元のスタジオジブリが独自に「On Your Mark」のディスクを同作品集の購入者に向けて製造・配布したりと、自粛の風潮に抗《あらが》う事例もわずかながら確認できます。

なお、ＡＳＫＡさんは２０１７年2月に自身の立ち上げた「ＤＡＤＡレーベル」からニューアルバム「Too many people」を発表。ファンに喝采をもって受け入れられた、素晴らしいアルバムです。同年7月にはＣＨＡＧＥ ａｎｄ ＡＳＫＡのベストアルバム「CHAGE & ASKA

VERY BEST ROLL OVER 20TH」が販売再開されたことを皮切りに、11月にはＣＨＡＧＥ ａｎｄ ＡＳＫＡの楽曲のうち２０００年（平成12年）以前に発売された楽曲の配信が再開するなど、散発的ではありますが作品の封印が解除されつつあります。

第二節　事務所、ミュージシャン、レコード会社それぞれの証言

ここまでは、私が調べてきたことと、そこから推測した内容を書いてきました。しかし、業界の内情は実際のところどうなっているのでしょうか。それを確かめるため、三人の「当事者」に話を伺いました。マネジメント事務所、ミュージシャン、そしてレコード会社。それぞれの立場で「逮捕」や「自粛」と直面した方々です。実際にどんな判断が現場で下されていたのか、また、当時のことを振り返って現在どう思われているのでしょうか。

マネジメント事務所元代表・大崎志朗の証言

まずは、マネジメント事務所です。一般的には分かりにくいかもしれませんが、音楽業界で「所属」というと、レコード会社とは別にマネジメント事務所の存在があります。レコードに限らず、ライブ活動やメディア出演などでギャラを含めて交渉をしつつスケジュールを作っていくのがマネジメントです。

ある意味、ミュージシャンと最も近い立場のマネジメント事務所からの視点はどうなのか、ＣＨＡＧＥ and ＡＳＫＡのマネジメント事務所、ロックダムアーティスツの元・代表取締

役である大崎志朗さんにお話を伺いました。ＡＳＫＡさんが逮捕された２０１４年（平成26年）当時まさにマネジメント事務所の代表の立場にあった大崎さんは、本来はあまり表に出られることのない方ですが、当時を振り返り、メディア上で強い自責の念を告白されています。

私が大崎さんへ取材を申し込んだのも、ピエール瀧さんの事件の直後に音楽業界向けメディアのMusicman-NETに寄稿された「〝自粛〟という得体の知れない存在、アーティストの不祥事と作品の自粛について」(https://www.musicman.co.jp/interview/19327)がきっかけでした。この文章で大崎さんは、「私は過去に、自粛という得体の知れない存在を何の抵抗もせず受け入れたことを悔い、そして恥じています」と述べています。

また、アルコール薬物問題全国市民協会ＡＳＫ（アスク）が発行する季刊誌「Be!」１３６号（２０１９年〈令和元年〉９月）にも大崎さんは右の文章に加筆したものを寄稿していますが、その末尾では、「得体の知れない存在」の正体はマスメディアなのでは、といった持論が加えられています。

「これまで取材を一切受けず、事件について語るつもりもなかった」――私が取材に伺うと、大崎さんはそう述べました。ＡＳＫＡさんの件について固く口を閉ざしてきた大崎さんが、どうしてそのような文章を発表することになったのか。それは、マスメディアへの強い不信感を抱くようになったことが大きなきっかけのようです。

大崎さんがメディア、特にテレビのワイドショーに対して大きな違和感を抱いたのは、2016年（平成28年）のASKAさんの再逮捕の時でした。当時、大崎さんは既にマネジメント事務所代表の職を辞しており、一視聴者の立場からASKAさんの自宅をマスコミが取り囲み生中継する様子を目にしていました。

「自分の記憶の限り、逮捕に至る模様を中継するのは『重大事件』でしたよね。ロッキード事件とか、ロス疑惑とか、オウム事件とか、世の中を揺るがすような大事件が『いよいよXデー』の時に、そうした中継はありました。けど、一個人の薬物事件であそこまで全局が大中継するっていうのは自分の記憶にないです。放送によって、とてつもないイメージが視聴者に植えつけられたと思うんですよ」

2016年の再逮捕では結果的に不起訴処分となり、ASKAさんに対する法的な罰則は何もありませんでした。しかし、大崎さんが指摘するようにこの時のマスメディアの取材はエスカレートしていました。先述したように、過度な報道に加担したタクシー会社や芸能リポーターはASKAさんに損害賠償金を支払いました。しかし、放送局や番組に対してのペナルティはなく、現在も同番組は続いています。

「BPO（放送倫理・番組向上機構）までは持ち込まれたんですよ。僕も実際、BPOに『なんとかして下さい』って言いました。しかし討議の結果、『注意喚起』で終わったようです。BPO自体、放送局が作った自主規制の機関ですから、決定的な問題には踏み込めません」

続いて、「自粛」の当事者としてのお話です。再逮捕から遡ること2年前の2014年(平成26年)、ASKAさんが最初に逮捕された時はマネジメント事務所代表の立場からどのように対応されたのでしょうか。

先に引用した通り、ASKAさんの逮捕当時に自粛の判断を下したことを、大崎さんは後におおいに悔やんでいます。CHAGE and ASKAの作品の場合、複数のレコード会社、それに大崎さんが代表を務めていたロックダムアーティスツなどが権利(原盤権、販売権等)を持っていましたが、Musicman-NETへの寄稿の中で大崎さんは「当時、私はCD、DVDなどの販売中止や商品回収、配信停止、取引先との契約解除などの措置について、関係する多くの方と相談し、共に怒り、共に悩み、断腸の思いで決断しました」と述べています。実際のところ、レコード会社などから「自粛をしてほしい」といった強い要請はありませんでしたが、当時の風潮では「自粛は当然」との流れもあり、最終的な自粛の判断を下したそうです。

そのような判断をしたのは「世の中に対し反省の姿勢を形で示すことこそがベストな選択だと考えたため」と、大崎さんは語ります。こうした謝罪(=自粛)から再起への道が拓《ひら》けるだ

ASKAさんが関わる音楽作品は3年以上も日の目を見ず、またASKAさん自身の活動も、執行猶予期間の4年が経過するまでは公共の場でライブが開催できないなど、限定的なものとなってしまいました。

2014年にASKAさんとのアーティスト契約を解除した後、大崎さん自身もマネジメント事務所を離れます。そのため、ASKAさん関連作品が自粛解除された時には直接関わっていなかったそうですが、ミュージシャンから仕事が取り上げられてしまう状況に、非常に胸を痛め、また憤りを感じていたといいます。

「ミュージシャンの収入が、絶たれる訳です。カラオケなど一部の収入はありますが、やっぱりその音楽作品自体の流通はないので、実質的には自粛の時点から収入が絶たれました。彼らの場合はグループでしたから、その両方の収入が絶たれるということになる。喩えるなら、『家業の八百屋さんをやっていて違法薬物をやって捕まっちゃいました、だから八百屋をやるな』というようなものですよね。極論をいえば『生活をするな』ということに等しいと思います。そしてこれは邦楽の世界だけに存在する特殊な現象でもあり、洋楽の場合には例がありません」

かつて自粛を決定し、今はその判断を悔いている大崎さんの立場から見て、こうした自粛を繰り返さないためにはどうすれば良いと考えるのでしょうか。

「一番は、『寛容』になることだと思います。怒りとかストレスとか、ハラスメントが一日中ついて回るような今の世の中のキーワードは『許さない』ことだと思うんですよ。例えば国会議員が不倫してようが全然関係ないはずだけど、『不倫はいけない、許さない』とかいろんなものを許さない、許さない……って、どんどんシャープになってきて幅がなくなってきて、どんどん狭くなってきた価値観同士がぶつかり合うと、もう多勢に無勢で。『共存する世の中』『多様性』って口では言うけど、共存なんか全然できていないですよね」

「寛容」ではない方向に向かわせているもの、つまり「〝自粛〟という得体の知れない存在」の正体とは、果たして何なのでしょうか。

「僕たちも何に向かって自粛したのか、正体が見えないです。放送局の報道の仕方などいろんな原因があるにはあるんだけど、じゃあ誰に言われて、誰に脅されて、誰に対して自粛をしたのかって言われたら……答えはない、ですね。結局カーテンの向こうに誰がいるか、実は分かってないのです」

ところで、今回私が取材に伺った場所は、大崎さんの職場でもある都内のレコーディングスタジオ。ＣＨＡＧＥ ａｎｄ ＡＳＫＡの名曲の数々もここで録音されたそうです。ＡＳＫＡさんが逮捕後にソロで復帰された時もこのスタジオを使いたいと希望したそうですが――実は大崎さんとＡＳＫＡさんの関係性がギクシャクしていたことの他に、レコーディングスタジオの取引先の金融機関が、犯罪行為に関わったことのある人物との取引をしないように監督官庁から指導されていたために、別のスタジオで収録せざるを得なかったといいます。

もちろん、金融機関がコンプライアンスを重視するのは分かります。銀行が反社会的勢力に口座を開設しただけで全国ニュースになる時代です。しかし、執行猶予期間中、つまり刑が確定し、拘束されることなく社会の中で活動をしていいはずの立場の人が作品を作る行為まで制限されても良いのでしょうか。

ミュージシャン・高野政所《まんどころ》の証言

続いて、ミュージシャンのお話を紹介しましょう。２０１５年（平成27年）３月に大麻所持容疑で逮捕され、懲役6月、執行猶予3年となった、クラブＤＪ・ミュージシャンの高野政所さんです。２０１４年（平成26年）11月にDJ JET BARON名義のアルバム「ENAK DEALER」でユニバーサルミュージックからメジャーデビューを果たすも、その4カ月後に逮捕されたことで出荷停止、配信停止となり、同作はなんと、執行猶予期間が終わった現在もなお買えず聴けない状態が続いています。

「電気グルーヴの影響で音楽を作り始めた」と以前から公言している高野政所さんだけに、ピエール瀧さんの逮捕にも大きな驚きがあったそうですが、私たちの署名活動に対しては「実際に捕まった当事者としての負い目もあり、積極的に賛同する意見などは発信していませんでした」と言います。

自身が逮捕された際も、逮捕の3日後（つまり留置所に入ったばかりで外部との連絡がほぼ取れない時点）には、発売元のユニバーサルミュージックの判断により、DJ JET BARON名義で同社から発売していた作品の出荷停止、配信停止が決定されていました。当時の感情をこう振り返っています。

「自分の件に対しては『申し訳ない』『迷惑をかけてしまった』という意識しかありませんでした。（自粛については）逮捕されたらそうなるものだ、と思っていたので違和感なく受け入れていました」

逮捕前の高野政所さんの仕事は、「DJや作曲、プロデュースなどの音楽活動」「お店（東京都・渋谷のクラブ ACID PANDA CAFE）の店長」「TBSラジオなどへのメディア出演」の大きく分けて三つでした。しかし事件後には、ユニバーサルから発表した作品は出荷停止、配信停止。DJも1年間自粛。お店は閉店。「メディアにもほとんど呼ばれず、（復帰後に手がけた楽曲の）リリース情報などもネットメディアなどで取り上げてくれなくなってしまいました」と言います。

逮捕から1年の自粛を経て音楽活動復帰に至るまでのプロセスは自著『前科おじさん』（スモール出版、2016年）に詳しく書かれていますが、同書では作品の出荷停止、配信停止については触れられていません。しかし、ミュージシャンにとって自分の音楽作品が「聴いてもらいたくても聴いてもらえない」というのは、我々の想像以上に厳しいことのようです。

「今はDJで自分の楽曲をかけたとしても、その作品を誰も買うことができません。そのため、販売再開が可能かどうか、何度かお伺いを立てているんですが、どうしても難しいそうです」

少し専門的な話になりますが、高野政所さんとユニバーサルは「ライセンス契約」で作品をリリースしており、作品の原盤権は高野政所さんのものです。しかし、販売権がユニバーサル側にあるため、本人の一存では作品を再リリースできません。

「瀧さんの逮捕をきっかけに『作品を封印するのはおかしい』といった意見が見られるようになり、今になって違和感を抱くようになってきました。電気グルーヴの件ももちろん腹立たしいけど、自分の作品の出荷停止、配信停止に対しても違和感、怒りが出てきました。でもやっぱり実際に逮捕されて有罪になったのは事実なので、その負い目がどうしてもあって……。引き裂かれる感じです」

また、ラジオの仕事においても、直接関わりのあったスタッフから温かい言葉をかけられる一方で、ここでも「自粛」を経験したそうです。

「逮捕直後の3月27日に『ライムスター宇多丸のウィークエンド・シャッフル〝神回〟傑作選Vol.1』(スモール出版、2015年)が発売予定でした。僕が番組で喋った内容も収録予定だったのですが、印刷工程に入る直前だったのでギリギリでカットとなりました。万が一印刷されていたら、とんでもない賠償金が発生したのではないかと思ったので、その時は『良かった!』というのが第一印象でしたね」

これもやはり、逮捕が原因の自粛といえるでしょう。ちなみに、同書からカットされたのは、高野政所さんがインドネシア発祥のダンスミュージック「FUNKOT(ファンコット)」をラジオで紹介した回の書き起こし。音楽作品と同様、内容には何の違法性もありません。

逮捕から5年以上が経《た》ち、現在の仕事は「DJや他のミュージシャンの依頼仕事の音楽活動」「原宿の路上やネット通販などのシール屋」が主となっています。既に執行猶予期間が明けてから2年以上経っていますが、復帰どころか、今でも自身が作ったCDが出荷停止、配信停止のままというのは、想像以上に苦しい事態でした。

「逮捕前と後で、とにかく性格が変わりましたね。何事も怖くなりました。踏み込んだり思い切ったりすることができなくなって、いつもびびって生きている感じです。もちろん悪いことをしたのはしたけれど、ここまでなのか？と思います」

百歩譲って執行猶予中に作品の出荷停止、配信停止をするということに合理性があったと仮定して、ではなぜ執行猶予期間が明けても元通りに戻らないのか。極めて理不尽だと感じざるを得ません。

レコード会社元幹部・代沢五郎の証言

最後にご紹介するのはレコード会社側の視点です。Only Love Hurts（a.k.a. 面影ラッキーホール）のリーダー、つまりミュージシャンの傍ら、２０１７年（平成29年）まで大手レコード会社の幹部社員であった代沢五郎さん。２０１９年（平成31年）３月にウェブメディア「HAGAZINE」に掲載された石丸元章さんとの対談記事「絶望から始まり絶望で終わった平成の音楽産業」(https://hagamag.com/series/s0058/2869) で、音楽業界の内幕を独自の視点で語られているのを知りオファーしたところ、快く引き受けて下さいました。

「日本の音楽史における（刑事事件がきっかけの）最初の自粛例は、恐らく克美しげるさんだと思います」。私が音楽自粛史を調べていることをまず伝えると、代沢さんからこの指摘が返ってきました。

克美しげるといえば60年代に人気を博した歌手で、NHK紅白歌合戦に2年連続で出場するなど活躍していましたが、低迷期を経て再起を図っていた最中、1976年（昭和51年）に愛人を殺害し懲役10年の実刑判決を受けます。これは一定以上の世代にはよく知られている事件ですが、代沢さんは、東芝音工（当時）の元社員から事件当時の自粛についてヒアリングされたとのこと。それによれば、「回収したのは当時の最新シングル『おもいやり』のみで、それ以外の作品については特別な措置はとらなかった」そうです。

殺人という最も重大とされる犯罪でも、最新作だけが自粛の対象になっていた時代から40年。レコード業界では一体何が変化したのでしょうか。

「一つには意識の変化もあるでしょうね。80年代初頭くらいまでは、『芸のこやし』じゃないけど、『ミュージシャンだからしょうがないよね』という、ドラッグ等の反社会的な行為を暗黙に容認する雰囲気が業界の中にあったらしいです。さすがに殺人はダメだけど（笑）。確かに当時の大物スタジオ・ミュージシャンは何人も捕まっていますしね。当時、問題を起こした人や疑いがある人をいちいち排除してたら、レコードなんて作れなかったって証言もあるくらい（笑）。1979年（昭和54年）にはメンバー5名中2名が大麻で捕まったバンドが、直後に新譜を出してたりもします。これはポリドール（当時）ですけど。しかし、今では薬物は大きな社会問題です。そうなってくると業界としても厳正な対処を求められますよね」

続いての指摘は、コンプライアンスの問題でした。90年代後半からレコード業界でもコンプライアンスを重視する動きが見られるようになったといいます。

「この頃から日本の企業の中でも企業倫理、コンプライアンスの重視を大きく打ち出すところが出てきました。その動きにレコード業界で真っ先に反応したのが、ソニー系列でしたね。リーディングカンパニーの自負としてソニーもそういうことを先進的に取り入れたのではないかと思います」

90年代後半といえば、ちょうどソニー系列のレコード会社が自粛を積極的に進めるようになった時期とも重なります。

ちなみに1997年（平成9年）には、代沢さんがアーティストとしてソニー・ミュージックエンタテインメントと契約するも、完成したアルバムが歌詞やジャケットの内容が「不適切」とされリリース中止となるトラブルも発生しています。「元同業者」かつ「元契約アーティスト」である代沢さんの立場から見て、レコード会社としてのソニーはどのような会社なのでしょうか。

「レコード会社では、特に作品のリリースや内容に関して制作セクションが主導するのが一般的なんですが、ソニーでは管理セクションも大きな発言力を持っています。例えば、企画を出してても法務がＮＧにすることもある。見方を変えるとコーポレートガバナンスがちゃんと機能しているんです。これもまた、先進的でまっとうな会社であろうとするソニーだからこそ、と言えると思います。こういった、同業他社にない姿勢が自粛などの決定に影響したかもしれませんね。あくまで外部からの想像ですが」

これまで紹介した事例を見ても、自粛史においてソニーの名前は何度も登場します。確かに「先進的でまっとうな会社であろうとする」姿勢が前例のない自粛措置を生んでいるのでしょう。しかし、他のレコード会社も軒並みソニーの事例に追従しているようにも見えます。

「ソニー以外でも、ワーナー、ユニバーサル、ビクター……レコード会社は、いずれも世間には名前が通っていますが、実際には中小・零細企業です。だからかつては経営感覚も個人商店に近い部分があったんですよ。また、音楽業界というのはある種のいかがわしさと不可分だった。そんな出自を背負ったレコード会社が近代化していくためには、厳粛な姿勢をもって社会的要請に応える必要があったのかもしれない。リーディングカンパニーとしてのソニーの姿勢は、当時他社で働いていた私たちも参考にせざるを得ませんでした」

しかし、そうした厳しい対応が求められているとはいえ、罪を犯したアーティストの過去の作品群にまで大鉈《おおなた》がふるわれるのは「やり過ぎ」にも思えます。その違和感を口にすると、代沢さんは「作品」と「アーティスト」に関する持論に沿ってこのように答えました。

「それは今の音楽業界がアーティストを売る力学で動いているからです。かつては、いい『作品』に対してプロモーションをかけるものでした。しかし80年代初頭ぐらいから、作品ではなく『アーティスト』のプロモーションをする戦略に移行しました。アーティスト本人に価値がある方が、利益が最大化されるからです。だから曲ではなくアーティストを売る。するとシングルだけではなくアルバムも売れる。グッズも売れる。客単価が上がります。

ただ、このロジックを意識しているユーザーはほとんどいないでしょう。レコード会社側でさえ、これが自分たちの都合で作ったシステムだと理解している人間は少ないかもしれない。今のユーザーの多くは、曲ではなくアーティストを消費しているんです。『アーティスト自体が作品』というシステムを音楽業界が作り、ユーザーも無意識に受け入れているのが今の実態です。だとすれば、『作品に罪はない』というのはどの口が言うのかということになりますよね(笑)。例えば以前の佐村河内《さむらごうち》守さんの件なんて、この構造の最たるものです。作品に罪がないのなら、ゴーストライターがいようがいまいが、本人が障害者であろうがなかろうが、どっちでもいいはずだけど、佐村河内さんの作品が市場から消えても誰も怒らないでしょう」

では、自粛の解除はどうやって決定されるのか。電気グルーヴの作品の販売再開のタイミングについて我々はソニー・ミュージックレーベルズへ再三問い合わせていますが、明確な返答をいただけていません。また先例を見ても、例えばＡＳＫＡさんの場合はレコード会社や作品によって解除のタイミングがまちまちでした。

「『禊《みそ》ぎ』ということをどう決めればいいのか。客観的に分かりやすい物差しは執行猶予期間くらいしかないんですよ」

近年よく使われている「執行猶予期間中は自粛すべき」論ですが、代沢さんに訊くと、音楽業界内では少なくとも90年代には使われていたようです。ただし、高野政所さんの例にもあるように、必ずしも徹底していないのも事実です。

ところで、レコード会社にとっての主な取引先・顧客といえば、小売店、広告代理店、そして我々消費者でしょう。しかし、消費者からレコード会社に対して「なんでこんな犯罪者の曲をリリースしているのだ」といった類の苦情が寄せられたことがあるかといえば、少なくとも代沢さんの知る限りでは「記憶にない」そうです。ならば、レコード会社は何を恐れているのでしょう。

「他のアーティストへの影響は怖いですよね。メディアや広告代理店に迷惑をかけて、もし『あそこの会社はコンプライアンス的にＮＧだ』となったら、会社丸ごと出入り禁止、みたいなことも可能性としてはあり得るんですよ」

では、我々の署名活動を、代沢さんはどのように捉えているのでしょうか。

「署名に関しては、自分の名前を出して闘っている部分に対しては敬意があります」と前置きしつつも、「賛同はできません。まず、署名活動の中で謳《うた》われている『安易な自粛』という言葉がひっかかります。レコード会社も『〝安〟らかに〝易〟々とやっている』訳じゃない。血が流れているんです」と厳しく強い口調になりました。血が流れている、とはどういう意味でしょう。

「ＣＤの出荷停止や、ましてや回収なんていうのは、会社にとって本当に大打撃なんですよ。安易なんてことはあり得ない、大きな痛みを伴うことを覚悟した苦渋の決断なんです。私が働いていたレコード会社である著名アーティストが逮捕された時には、回収や売り上げ低下の責任をとって数人の社員が辞めざるを得ない事態にまでなりました。『ゴチャゴチャ言われる前に回収しとくか』みたいなノリではないですよ。少なくとも」

レコード会社も痛みを感じながら自粛をしているのならば、そうした自粛そのもののあり方を変える訳にはいかないのでしょうか。私たちがソニー・ミュージックレーベルズへ提出した6万4606人の反対署名は、こうした慣習を見直すきっかけにできないのでしょうか。

「恐らくレコード会社の人たちも、『こんなに多くの人が反対するのか』という感覚はあったのではないかと推測します。しかし、この時代にレコード会社が相対せざるを得ないのは、『血に飢えた正義のガーディアン（守護者）』たちです。それに対抗するには6万はあまりに少ないのではないかとも思います。彼らは表に出てこないから見えない。数も分からない。何をするかも分からない。それでいて口コミという、今やTVなんかをしのぐ影響力を持つメディアを動かしている要素でもある。また、水に落ちた犬は叩《たた》くけど、同時に薄っぺらい感動ネタにも簡単に反応してくれて『応援ソング』を買ってくれる大事な太客《ふときゃく》でもある。本当に始末が悪いんですよ」

「血に飢えた正義のガーディアン」。その存在こそが、誰も望まない自粛が進む原因なのでしょうか？

「魔女狩りが自粛に一役買っているのは間違いないと思います。これに皆さんが声を上げてくれたことはありがたいと思いますが、そのメッセージが烏合《うごう》の衆に響くかというと疑問です。

一方、レコード会社に訴えても意味がないと思います。なぜなら彼らは、職務を忠実に全うしようとしているだけですから。『誰も望まない自粛。誰も得をしないじゃないか』とおっしゃいますが、『短期的にはそう見えるが、中長期でいえばそっちの方が儲《もう》かるからやってんだよ！』ってことなんですよ。痛みは伴うけど、倫理を守った方が結局は儲かる。公害を出してから補償するより、公害を出さないようにコストをかけた方が結局安くつく。企業倫理ってものの本質はそれですから。倫理規範の導入が利益の最大化に繋がることにレコード会社もようやく気づいたってことじゃないでしょうか」

最後に代沢さんが触れた「中長期でいえばそっちの方が儲かる」という指摘は、恐らくかなりの部分でコンプライアンスを強化するレコード会社側の本音ではないだろうかと思います。もし自粛をすることで本当に儲かるのであれば、少なくとも営利を目的とする企業としては正しいあり方でしょう。でも、自粛をすることで本当に儲かるのかどうかは、私には判断ができません。

L'Arc～en～Cielでの「成功体験」は、確かにありました。しかしほとんどのケースではただただ会社にとって「手痛い出血」だったのではないでしょうか。むしろ、ごくわずかな「成功体験」を引きずった結果、泥沼にはまり込んでしまっているのが現状ではないかとも思えます。

中長期、少なくとも30年以上の自粛史を調べてみた率直な感想として、「でもやっぱり自粛で誰も得してない気がする」という思いが残ってしまいます。

どうして誰も得をしない自粛が加速するのか

私たちの署名活動を契機に、レコード会社も自粛の形を再考するのではないか。署名の提出がニュースで大きく報じられた時にはそうした期待も抱いていましたが、以降も自粛そのもののあり方が見直される兆しはありません。今後も、やり方はいろいろ変わるかもしれませんが、自粛自体はここ30年でどんどん強化され、しかも加速している――というのが素直な実感です。

事務所は苦渋の選択を迫られ、ミュージシャンは長きにわたって活動の機会を奪われ、レコード会社は血を流す思いをし、ファンは音楽を聴けない。作品を自粛することで、誰一人得をしていないとしか思えません。一体何のための自粛か、という最初の疑問は、解決するどころかどんどん膨らむばかりです。

一体なぜ、誰もが恨みをため込むような慣習が根付いてしまったのでしょうか。話を聞いていくと、個々の状況には納得がいくものの、そもそもなぜこのような状況に陥ってしまっているのか、なんとも釈然としません。この先の根本的なお話は、第三章で宮台真司先生に解題していただきましょう。

第三章　アートこそが社会の基本だ

宮台真司

2019年3月13日に株式会社ソニー・ミュージックレーベルズが、電気グルーヴの既にリリース済みの音源・映像の出荷停止、在庫回収、配信停止を発表しました。その直後、僕はラジオ（「荒川強啓　デイ・キャッチ！」）で、こうした「自粛」を猛烈に批判しました。

その時は、ピエール瀧さんが出演した映画「麻雀放浪記2020」が予定通り公開されたことで配給元の東映に賛辞を送りました。しかし全体的にいえば、電気グルーヴ作品の行き過ぎた「自粛」が日本の劣化の徴候である事実を今、改めて感じます。

劣化を象徴したのが「あいちトリエンナーレ」での「表現の不自由展・その後」騒動。電気グルーヴ騒動からの流れが、「麻雀放浪記2020」の公開という抵抗を見せつつも、さらなる奔流となって、あいちトリエンナーレを巻き込んだのです。

本章では、アートや表現の意味、法と道徳の分離の歴史、ネット炎上などを説明しつつ、今後どのように生きていけばいいのかまで示します。あいちトリエンナーレが変な騒動になった理由も、おおいにお話しします。

今日のアートは、古代ギリシャを参照する19世紀初頭の初期ロマン派以来の営みですが、近代社会の特徴を示す重要な営為でもあります。だからアートがどんなものであるのかを理解すれば、そこから近現代の社会がなぜクソ（社会の外を消去する社会）なのかも見えてきます。

それが見えてくれば、クソ社会に引《ひ》き摺《ず》られずにクズ（言葉の自動機械化・法の奴隷化・損得マシン化）ではない生き方をする指針にもなります。アートという営みを理解することはクソ社会でクズにならないために重要なのです。だから、この章では特にアートについて深く論じます。

あらゆる分野で急激なダウンスパイラルが生じている日本ですが、本書を手に取った読者は、その流れから免れて生きられるかもしれません。なんて書くとウソみたいに思えるでしょうが、ここは賭けをして、最後まで読んでいただきたいです。

第一節　快不快は公共性を持たない

問題表現による社会的悪影響は全く実証できない

ソニー・ミュージックレーベルズによる販売と在庫と配信の封印は、日本にしかない特殊な措置です。本当に日本にしかない。一口で言えば、ソニーを含めた企業人の大半が思考停止の事なかれ主義に堕しているためで、日本の劣化の象徴です。

ソニーは「この事態を厳粛に受け止め」とこの措置を説明しました。いくらなんでも言葉が足りな過ぎですが、ここから、「社会的影響について鑑みて」の自粛というヘンチクリンな理屈が見通せます。

理屈を喩えるなら、「コカインを吸っていたピエール瀧がメンバーである電気グルーヴの音楽を聴くと悪い影響がある」という具合になります。実際、この手の「社会的悪影響がある」というメディア悪影響論は、20世紀半ばまで先進国を席巻しました。

では、社会的悪影響とはどんなものか？　大きく二つ考えられます。一つは、ある作品を受容することで、犯罪に手を染めがちになる可能性。もう一つは、ある作品を受容することで、心が病んで最悪の場合、精神的な障害に至りがちになる可能性。

そこで、社会的悪影響論について調査と議論を徹底したことで有名なアメリカの例を見ましょう。1968年の1月、当時の民主党リンドン・ジョンソン大統領は、議会からの求めに応じて、ポルノグラフィについて法的規制の是非を検討する諮問委員会を設立しました。

予算は200万ドルで、委員は18名、憲法学者ウィリアム・ロックハートが委員長でした。特に重要な役割を演じたのは、5名で構成される「影響力検討小委員会」です。彼らはポルノの受容と犯罪や情緒障害との関係について、統計や理論を丹念に調べました。

結果、「ポルノを見たり読んだりすることが犯罪や非行、性的逸脱、情緒障害といった社会問題および個人の不適応の問題の原因であると主張することはできない」という結論が出ました。「ポルノが成人に害があるとは言えない」との結論を学問的に導いたのです。

実は全く影響がないという訳ではありません。ポルノを解禁した国では性犯罪が減ったというデータがありました。これは代理満足説という学説を補強します。「ヌケばすっきりする」ということ。しかし、これは規制や自粛とは反対の方向を支持します。

いずれにせよ、諮問委員会では明確な結論が出ました。ポルノ規制は社会的悪影響論では無理だという内容です。この議論をベースに今日に至る表現規制の枠組みが確立されました。「問題表現」による社会的悪影響は実証できないということです。

「問題表現」とは、性表現や、暴力表現や、犯罪者を描いた表現や、犯罪者による表現です。こうした表現に不快感を覚える人間もいるでしょう。しかし、人々の感じ方は多様なので、不快感を覚える一部の人間に応えて表現を規制することには、なんの公共性もありません。

加えて、暴力表現や性表現を抜きには踏み込めない公共的表現があります。犯罪者としてしかできない公共的表現もあります。独裁政権下での反政府活動としての出版が典型です。政権が犯罪者と見做せば犯罪者ですが、しかし内容は公共的である可能性があります。

ちなみに、公共性とは「相対的に不特定の人々に開かれた領域であること」。その特殊ケースである表現の公共性について言えば、「みんな（不特定者）に関わるかもしれない問題について、みんな（不特定者）に訴える」形式を持つ表現は、全て公共的表現です。

プリアナウンスとゾーニング

こうした公共性を持つ「問題表現」について、「不快だから表現するな」とは言えません。だからといって、完全に野放しでいいという話でもありません。「自分が見たくないものを見ないで済ませたい」と願う権利が誰にでもあると考えられるからです。

「見たくないものを見ないで済ませたい」という権利の擁護も大切です。だから、そういう人が不意打ちを食らわないように、事前の告知が必要です。これがプリアナウンスによるゾーニングです。予《あらかじ》め「暴力や性についての表現がある」と告知するのです。

テレビが映像メディアの主流だった90年代にVチップが登場しました。暴力表現や性表現の「ここまでならいい」という許容ラインをユーザーが予め設定しておけば、自動的に見たくないものが排除される仕組みです。このやり方が現在も世界的に推奨されています。

音楽のサブスクリプション（定額聴き放題）の最大手Spotifyのアプリでは、アーティストごとにブロックできます。ブロックすればSpotifyはそのアーティストの曲をそのユーザーに流しません。罪を犯したアーティストの曲を聴きたくない人はブロックすればいい。

性犯罪をした・非合法薬物を使ったなどのアーティストをチェックしておけば、その後は曲がかかることはない。この場合はアーティスト名がプリアナウンス情報です。この仕組みで、表現規制や自粛は必要なくなります。

プリアナウンスによるゾーニングだけで問題を解決できる。これがここ30年間の基本的な枠組みです。日本を除く先進国で現実に実践されています。ところが日本では、こうした先進国ならば当然踏まえているべきやり方が弁《わきま》えられていません。実に野蛮です。

但し僕は、こうした「見たくないものを見ない」態度を過度に推奨すべきではないと考えます。第一に、「見たくないものを見る」ことが公共的態度であり得るし、第二に、「心に傷をつけること」がアートの伝統的な本質だからです。

前者については、「犯罪者」の作品には社会的悪影響どころか良い影響さえあり得ます。「犯罪者」とカッコ付きなのは、逮捕当時のピエール瀧さんは、推定無罪 presumed innocence の原則ゆえに、まだ犯罪者ではないからです。そのことは第一章で永田さんが触れています。

有罪確定後の犯罪者の作品でさえ、良い影響があり得ます。理由は、第一に、それを受容することが犯罪者に対する偏見の除去に役立つことです。「犯罪者は自分たちとは違うおかしな人だ」という偏見には根強いものがありますが、偏見を取り除くのは公共的です。

良い影響の第二は、「犯罪者が世界や社会をどう見るのか」を知るのに資すること。「罪を犯した人間から世界や社会がどう見えているのか」を知ることは、再犯の動機を抑止できる社会のアーキテクチャー（仕組み）を、構築することにも役立ちます。

第三の良い影響は、犯罪者と非犯罪者との関係についての新しい視座や、感覚を与えてくれることです。犯罪者は「敵」だと思っていたが、作品に接してみたら「仲間」だった、みたいなこと。それも、自分も犯罪者になり得るという現実の理解につながります。

「それこそが悪影響だ」という視座もあるでしょうが、言葉の自動機械、法の奴隷という意味で、「クズ」の考え方です。犯罪者が自分の同類だと思うことを悪影響だと捉えるのは、第一の「犯罪者は自分とは違う存在だ」という偏見の現れです。

アートについて言えば、「敵だと思っていた犯罪者が実は仲間だった」という感覚は、小説や映画の受容ではよくあること。これがなければ、誰も『罪と罰』のラスコーリニコフの話に感動しません。大衆の娯楽においてさえ、「悪役への共感」はありふれた話です。

法と道徳の分離

先ほど不快感に公共性はないと述べました。これについてもう少し説明します。不快を理由とした表現規制はあり得ません。なぜか。そもそも法というのは道徳的な観点から立法されるのではないからです。法は、最終的には「統治の必要」から制定されるものです。

民主制では統治権力のイニシアチブが人々にある。人々は、統治権力は統治に必要なことだけやると弁えるべきです。民主制の前提は価値観の多様性。多様な道徳や快不快の物差しを持つ人々が共生するために法があります。一部の者の道徳感情を法に反映させてはならない。ところが昨今は法の奴隷が蔓延します。特に日本はそう。そもそも法は絶対か。日本以外の先進国では、法は、古い法を排して市民が勝ち取ってきた財産。だから、法はいつでも暫定的で不完全。今後も古い法を排して新しい法を勝ち取る必要がある、と発想します。

日本には自力で法を勝ち取った市民社会の歴史がないので、法が絶対であるかのように機能し、「法と道徳の分離」という近代社会の基本原則が弁えられません。しかし「法と道徳の分離」は近代特有のものでなく、ある時期に法が突然誕生した理由にも関係するのです。

たかが不快感に公共性がない理由を理解するには、法の歴史を知る必要があります。法は1万年前から順次始まった定住社会と共に誕生しました。150人以下の少人数で狩猟採集していた遊動段階では、法はなく、他の類人猿と同じく生存戦略と仲間意識だけがありました。

遊動段階よりも大規模な定住の営みを支える、収穫物の配分・保全・継承のために、所有とともに法ができたのです。定住社会は部族よりずっと大きい。だから法は、部族仲間の掟《おきて》よりも広く妥当します。相対的な不特定者に関わるという意味で、法は最初の公共性です。

掟を自然だと感じてきた人々にとって法は不自然でした。部族仲間よりも大きな範囲を法共同体だとすることも不自然でした。だから定住社会は必ず定期的に祭りをしました。歌や踊りの「法外のシンクロ」を通じ、部族仲間を確認し、法共同体を疑似仲間として構築しました。

これが今日の芸能とアートの共通のルーツです。祭りには、所有を認めずに定住を拒絶して差別されるようになった被差別民が、呼び戻されて歌や踊りを披露しました。被差別民の参加が必要な理由は、祭りを通じて法以前のルーツを思い出し、法の奴隷から解放されるためです。

一口で言えば「社会は法よりも大きい」。それは『レ・ミゼラブル』で描かれた憲兵と教会の関係のようなものです。主人公ジャン・ヴァルジャンは法的には犯罪者ですが、司教に救われるべき魂を持つ存在です。社会は法よりも大きく、宗教は社会よりもさらに大きいからです。

社会や宗教が法より大きい以上、表現は法より大きい。人間は法に収まらない存在で、その事実を表出するものが芸能でありアートだったという歴史があります。こうした人類学的な事実から見ても、表現に対する社会による扱いは、法による扱いより寛容であるべきなのです。

以上、近代的文脈と人類学的文脈を話しました。大規模定住社会、まして近代社会では、人々の道徳観は多様で、快不快の感覚も様々です。特に市場経済と民主政を柱とする近代社会は、多様性を前提とするので、特定の快不快に関する価値観を法が擁護することはないのです。あなたが不快だと思うものを別の人は快だと思うかもしれない。法が擁護するのは多様性です。快不快に関する多様な価値観も擁護されます。だから見たくない人は見なくて済むようにもする。これもまた多様性の擁護です。これは表現規制だけの特殊な問題ではありません。

表現規制以外でこの原則が貫かれているのは、学術の世界です。例えば、歴史学の学説は特定の視座からなされる歴史の理解です。でも歴史には「これが中立」という視座はあり得ません。いろんな視座があって当然で、過ぎたる差別でない限りはどの視座も擁護されます。

その意味で、基本的にどんな視座があっても良い。統治権力が特定の歴史観に関わる研究を抑圧することがあったら、トンデモない。最近は、どうもこの手の「トンデモない話」の「トンデモなさ」が通用しなくなってきた感があり、社会と人々の劣化に危惧を覚えています。

西ローマの「双剣論」

さて、法と道徳の分離の話に戻りましょう。近代史ベースの話と人類史ベースの話をしました。次に中世（4世紀頃～15世紀頃）初期の話をします。ローマ帝国末期のお話をすることで、近代史としての法と道徳の分離がどのように確立されていったのかを説明しましょう。

ローマ帝国末期。この頃は西ローマ帝国と東ローマ帝国に東西分裂していました。そして法と道徳の分離が確立されたのは西ローマ帝国（395～476年）でのことです。東ローマ帝国（395～1453年）ではそれはなかった。西ローマ帝国特有の現象だったのです。

西ローマ帝国では、宗教学で言う「双剣論」、つまり世俗の権力は王に、超越の権力は教皇にという考え方が根付いていました。教皇が形式的な儀式としての戴冠権を持っていて、戴冠されたものが王様として世俗の権力をそれぞれの領域内で行使したということです。

だから法の領域と宗教の領域は互いに自立しています。法に従う従わないという世俗の営みとは別次元で、信仰を持って教皇に従う態度があります。抽象的に言うと、行為すなわち身体《からだ》の外形と、心すなわち身体の内側を、区別するのです。これが双剣論のベースです。

双剣論は西ローマ帝国にだけありました。西ローマ帝国は1500年ほど前に滅びました。

他方、東ローマ帝国は全く異なっています。東ローマ皇帝においては世俗の権力と宗教の権力が重なっていました。東ローマ皇帝は、世俗的にも超越的にも最高権力者だったのです。

このことについて面白い話があります。僕の師匠でもある社会学者の小室直樹は冷戦当時、西側と東側の対立は、イデオロギー対立に見えて、それは文化的な表現型の話に過ぎず、本質は「文化的な遺伝子型が西ローマ型か東ローマ型かということだ」と見抜きました。

良からぬ思いを抱く者がいるとします。西側では「思うだけなら構わない」「そう思っている証拠がない」とされますが、東側では「あいつは良からぬ思いを抱いている」との密告が奨励され処刑されます。世俗の権力と超越の権力が一致している東ローマ帝国ならでは、です。

そこには「身体と心の分離」「外面と内面の分離」がありません。行為が法に従わなければならないように、心も法に従うべきだ、との理屈が通ってしまう。そのため東ローマ帝国の文化的影響下にあった東側では、特定のイデオロギーを押しつけることが平気で行われたのです。

東ドイツの秘密警察「シュタージ」は、市民の思想を厳しく監視することで有名でしたが、こうした東側の秘密警察を中心とした特定イデオロギーの押しつけは、東ローマ帝国の文化的遺伝子の表現型だ、というのが小室直樹の主張でした。学問の見本となる慧眼《けいがん》です。

逆に言うと、先進国と呼ばれる西側における「思想・信仰・表現」の自由は、普遍的真理と言えるものではなく、西ローマ帝国的な文化的遺伝子による文化的産物に過ぎません。「思想・信仰・表現」の自由も、歴史的な偶然の果てに得られた文化的な原則なのです。

合衆国憲法の修正第一条は「思想・信仰・表現」の自由を高らかに謳いますが、アメリカはまさに、現代に蘇った西ローマ帝国ということかもしれません。ということは、すぐに滅んでしまった西ローマ帝国の寿命の短さも受け継いでしまっている可能性もありますが。

人権外在説と人権内在説

時代を下ると、「思想・信仰・表現」の自由に関わる議論として人権外在説と人権内在説の対立があります。ドイツの前身プロイセンから始まったのが人権外在説です。問題となるのは「公共の福祉」とは何か。これは同時に「秩序の公共性」とは何かということでもあります。

人権外在説は、プロイセンに端を発する「ドイツ国法学」の伝統に属するもので、カール・シュミットやルドルフ・スメントらが体系化しました。それによれば、国家秩序は、いわば一つの全体性としての生き物であって、個人にも個人の集積にも還元できない存在です。

生き物としての秩序は、各人が良いと思うか悪いと思うかに関係なく、人々に何らかの要求をします。要求に応えることで、生き物としての秩序の存続に貢献します。この場合、各人にとっての良し悪しとは無関係に、全体としての秩序の存続に資することが公共の福祉です。

各人にとっての良し悪しとは無関係に、と言いましたが、完全に無関係ではありません。プロイセン国法学のイデオロギーでは、生き物としての秩序は崇高な精神共同体であり、個人の尊厳はこの崇高な精神共同体との一体化によって獲得されるべきものだ、とされるのです。

だから「生き物としての秩序＝崇高な精神共同体」からの要求に応えることが、公共の福祉だとされるのです。従って公共の福祉は、各人の個人的人権（に基づく要求の充足）には還元できず、いわば人権の外側にあることになる。人権外在説と呼ばれる所以です。

人権外在説は「秩序の利益は個人の利益には還元できない」とします。だから全体主義と親和します。但し第二次大戦当時の枢軸国（全体主義陣営）だけでなく、連合国（自由主義陣営）でも「個人の利益に還元できない秩序の利益」を考えるのが主流でした。

しかし第二次大戦後に全体主義に対する反省が拡《ひろ》がり、20世紀半ば以降見直しが起こります。先進各国でリベラルな風が吹いた60年代以降、「各人の要求（個人的法益）の外側に秩序からの要求（社会的法益）がある」とする発想を、否定するようになります。

そこで出てきたのが公共の福祉の人権内在説。全ての人々の個人的法益（人権的要求）に資するものが公共の福祉だとする発想です。誰もが要求していることが公共の福祉だというに留まらず、各人の要求貫徹にとっての必ずしも意識されない共有財も、公共の福祉に数えます。

厳密には、誰もが享受できるが（非排除性）野放図にすると枯渇する（競合性）「資源」をコモンプール財、満員になるとそれ以上の人が入れないが（排除性）枯渇しない（非競合性）「施設」をクラブ財と呼び、誰もが享受できて枯渇しない公共財と合わせて共有財と呼びます。

誰もが享受できて枯渇しない公共財として空気や知識や国防が挙げられてきましたが、大気汚染等を巡る環境権の紛争、知財を巡る財産権の紛争、基地の立地負担を巡る紛争に見るように、純粋公共財など存在しないというのが今の常識。どれも利用制約や利用負担が必要です。コモンプール財（資源）を持続可能にするのが利用制約で、クラブ財（施設）を持続可能にするのが利用負担ですが、公共財だとされてきた事物も利用制約や利用負担から自由ではあり得ないので、これら全てを一括して共有財と呼ぶのが今日的パラダイムです。

こうした意味で、共有財の持続可能性の観点からなされる利用制約や利用負担が、今日「公共の福祉」のために要求されます。これらは、各人の人権の外側に秩序の利益（社会的法益）を想定するものではなく、各人の人権要求を両立可能にするために必要な施策です。

かかる施策の必要は確かに各人の自覚を超える面を持ちがちです。でも、人知を超えた崇高なる精神共同体なる妖怪を想定する必要はない。人々が大方その上に乗っている共同的プラットフォームの存続に資するか否かという視座から「公共の福祉」要求の妥当性を検証できます。

人権内在説的な「公共の福祉」からの要求は、「各人の人権要求の両立可能性」に基づくものので「崇高な精神共同体」からの要求と違い計算可能・規定可能ですが、「崇高な精神共同体」からの要求は計算不能・規定不能で、今日的には特定イデオロギーに基づく道徳的要求です。

かくして、公共の福祉についての人権外在説が法と道徳を混同するのに対し、人権内在説は人権外在説を退けることで法と道徳を厳格に分ける営みだと言えます。表現の自由に公共の福祉から制約が加わるにせよ、共有財保全の利用制約や利用負担の視座の枠内に留まるのです。

自由と尊厳、多様性

人権外在説と人権内在説の対立からも近代法が多様性を擁護する理由を説明できます。近代の人権思想の中核は「政治（統治権力）からの自由」です。その意味で「自由は、能力によって差別されず、万人に与えられるべきだ」というのは、統治権力への憲法的要求（縛り）です。統治権力からの自由とは、自己決定の自由（自己決定権）です。選択肢があることを知れば、統治権力に邪魔されず、どれでも選べること。でも「政治からの自由」だけでは自由に選ぶのは難しい。「空気を読んで」選択を断念しがちな日本人を見れば、思い半ばに過ぎます。

何が必要か。第一に、多様な選択肢の存在を知る必要があります。第二に、尊厳すなわち「社会的な自己価値への信念」が必要です。いずれもメディアや広義の教育による文化的涵養《かんよう》（民度上昇）が重大です。自己決定権があっても、自己決定能力は知識と尊厳次第です。

今の日本に目立つのは、たとえ自己決定権があっても自己決定能力が不足する状態です。政権を忖度《そんたく》するマスコミ人や教育人のヘタレぶりが、知識習得の機会を奪います。承認（いいね！）を求めて右往左往する一般人のヘタレぶりも、自己決定による尊厳涵養の機会を奪います。

因果系列を辿れば、全ては尊厳（社会的な自己価値への信念）の不足に由来します。マスコミ人や教育人が政権（を忖度する組織）を忖度するのも、一般人が承認を求めて狭い周囲を忖度するのも、尊厳不足ゆえのクズ化（言葉の自動機械化・法の奴隷化・損得マシン化）に由来します。

必要なのは尊厳です。自由（自己決定機会）があっても、尊厳が乏しければ、僕が「ケツなめ連鎖」と呼ぶ忖度連鎖で自己決定能力が下がり、自由を使い尽くせません。自由を使い尽くせないと、複雑な社会の存続に必要な知識と実践の調達（知識社会化）が、できなくなります。

尊厳（社会的な自己価値への信念）は自信を与えます。自信はプライドとは違う。自信がないから、仲間ウチの面子《メンツ》にこだわり、所属集団でのポジション取りに右往左往します。尊厳ゆえの自信があれば人目が気になりませんから、選択肢を選ぶ能力（自己決定能力）も高まります。

尊厳はどうすれば高められるのか。答えは自由と尊厳の関係にあります。人権外在説の背後にあるのは、崇高な精神共同体との一体化が尊厳だとする考え方。他方、人権内在説では、自分の責任で行われる社会内の試行錯誤で得られた自信の積み重ねが尊厳だと考えます。

そこには、自由な試行錯誤が尊厳を高め、高まった尊厳がさらなる自由な試行錯誤を可能にする、という自由と尊厳の循環があります。この循環を可能にするのは以下の二つの要素です。

自由の外的制約（縛り）がないことと、自由の内的制約（尊厳不足）がないこと。

例えば欧州の多くでは売春が合法ですが、性交可能年齢に比べて売春可能年齢が高く設定されます。同じ3万円の価値が、大人の男に比べて低年齢の女の方に高く感じられて、男に選択肢が多くて女に選択肢が乏しいがゆえの附従契約 adherent contract になるからです。「地位の優劣に附従した契約」という意味で、法実務では自由意思に基づく契約だとは認定されません。鉄道が唯一の交通手段である僻地《へきち》で、鉄道側が一方的に値上げして「イヤなら利用するな」と言うことは認められません。鉄道側と住民側で選択肢の差が著しいからです。

地位が劣位になりがちな低年齢売春では、売春する女側が、理不尽な扱いを受忍することで、尊厳（関係の履歴が与える自己価値）の値が低下させられがちです。そうした尊厳毀損状態では、自分はどうせこんな女だから、と自由な試行錯誤の基盤が奪われがちです。

尊厳とは関係の履歴が与える自己価値感覚です。他者に大事にされた経験の積み重ねが尊厳値を高めます。最低限の尊厳がないと自暴自棄になってまともな試行錯誤ができない。これが低年齢者の自由が制約される人権内在説的な理由です。

多様性の擁護（少数者差別の禁止）という近代の規範も、公共の福祉の人権内在説から説明できます。自分は黒人だとか同性愛者だといった理由で、尊厳（関係の履歴が与える自己価値）から見放されるのなら、近代社会の旗印である自由な試行錯誤が阻害されてしまいます。

公共の福祉の人権外在説がそうであるように「崇高な精神共同体」の如《ごと》き理想の道徳秩序を想定すれば、道徳秩序にとって黒人や同性愛者や売春女は相応《ふさわ》しくないとの理由での差別が容認され、差別される少数者が自由な行為（表現）を通じて尊厳を高める機会が、奪われます。

この節を纏《まと》めます。第一に、「問題表現」（暴力や性愛の表現）が悪影響を及ぼすというのは誤りです。不意打ちについてはプリアナウンスによるゾーニングで対処できます。加えて「問題表現」自体にも、多様な他者の視界の取得という「多視座化」の良い影響があり得ます。

第二に、法は、統治の必要から制定されるもので、各人ごとに異なる道徳（性道徳など）から分離されるべきです。歴史的には、西ローマにおける皇帝と教皇による世俗と超越の分離、20世紀の人権内在説における多様性を保護するプラットフォームの必要から、説明されます。「問題表現」を、根拠のない悪影響を理由に縛れません。各人で異なる道徳観に基づく快不快のどれかを擁護することも、公共性がありません。だから、悪影響があるとか犯罪者だからという理由で電気グルーヴ作品の販売や配信を停止するソニーの措置に、合理性はありません。

第二節　アートの思想こそが近代社会の基本だ

アートの思想こそが近代社会の基本

第一節で、宗教や文化は社会よりも大きいこと、表現も同じく言葉や法よりも大きいことを話しました。人間は言葉や法に収まらない存在です。言外や法外を表出することが芸能の起源で、それがアートに受け継がれたことを、人類学的・歴史的な観点から述べました。

但しアートの重要さにはさらに特殊な理由があります。芸能は19世紀初頭に娯楽とアートに分化します。アートは初期ギリシャ的な伝統を参照した枠組みで、心に回復不能な傷をつけるものを言います。この第二節ではそのことについて思想史を整理しながら述べていきます。

思想史を参照するので、ギリシャ時代のアリストテレス、中世のスコラ神学、近代のカントなど、思想家や思想の流派などの名前が出てきます。でも所詮は人の考えたこと。本質的に難しいものではありません。まず、それらをかみ砕いて、誰でも分かるように説明します。

アートという言葉で美術館に展示される絵画や彫刻を指すとします。ルネサンス期にアートも音楽も神に捧げる枠組みから自由になって初期ギリシャが参照されましたが、程なく生業の必要から貴族のパトロンに捧げられた宗教画や見世物になりました。古典派の時代です。

18世紀末に交通の発達や広域市場の展開を背景にブローカーが登場、アートや音楽が市民に捧げられるものとなります。その際に付加価値を与えるために再び初期ギリシャを参照した口上が登場しますが、宗教からの自由ならぬ、社会からの自由を持ち出すようになります。

初期ロマン派です。そこで掘り起こされた初期ギリシャの伝統とは「社会の外」に出ること。社会の中の「誰某《だれそれ》がえらい」とか「これが面白い」といった政治や娯楽や宗教まで含めた由無し事を小賢《こざか》しいゲームだとします。その意味を知るためにギリシャ史を遡ります。

初期ギリシャとは、アテネ全盛期の紀元前5世紀前半からアテネがスパルタに敗れるペロポネソス戦争まで。バビロン捕囚期の前6世紀半ばに旧約聖書の核であるトーラーが編纂《へんさん》されたこともあり、初期ギリシャは地中海を挟んだセム族の一神教世界を意識するようになります。

セム族の枠組みでは、理不尽や不条理は神の言葉に背いたからもたらされ、神の命令（戒律）に従えば災厄が避けられ共同体が救済されると考えますが、ソクラテスが「エジプト的」と呼んで揶揄《やゆ》したように、不条理を避けるために神に這《は》いつくばるのは依存的な生き方です。

そもそも「世界はデタラメ」で、if-then 文的な条件プログラムで禍《わざわい》を回避できると考えるのは頓馬だ――こうした思考は紀元前12世紀来の「暗黒の400年」（カスピ海沿岸から移住してきたアカイア人とドーリア人の血みどろの闘争）の経験を述べ伝えるところから、生まれました。

この述べ伝えのために伝承されたのがギリシャ神話。人畜無害な箇所ばかり知られますが、元々は殺人・強盗・強姦《ごうかん》・放火のオンパレードです。ポリス形成期の紀元前8世紀には、ホメロスの（抒情《じょじょう》ならぬ）叙事詩が、やはり、「世界はデタラメ」である事実を述べ伝えました。ソクラテスの同時代のギリシャ悲劇も「世界はデタラメ」。ソポクレスの「オイディプス」では「父殺しと母との姦淫」を予言された男児が国外に捨てられますが、予言を知った彼は予言を回避すべく出奔した挙げ句、知らずに父を殺して王位につき、母との間に子をもうけます。それに気づいた彼は、自らの目を突き、「乞食《こじき》」として杖《つえ》をついて放浪します。この「杖をついて放浪する元テーベ王」の姿は何の寓意か。寓意（アレゴリー）と言いましたが、元は教訓譚《たん》ではなく、「世界はそもそもそうなっている」という納得をもたらす働きのことです。「世界はそもそもどうなっている」のか。人は不完全で愚かです。良かれと思ってした営みが大悲劇をもたらす。善行が悪を生む。避けようとしても避けられない。旧約の創世記における原罪譚も、不完全なのに神を真似《まね》て善悪判断を為《な》したつもりになりがちな人の咎《とが》に注目します。

セム族の構えは、それゆえに「完全な神」に依存して不条理を縮減したがる形です。ギリシャ的な構えは、「神への依存」を退けて「デタラメな世界」に身を開いて進む営みを推奨します。前者の構えが近代哲学に、後者の構えがニーチェを介して現代哲学に繋がります。

因《ちな》みに手塚治虫『鉄腕アトム』を翻案した浦沢直樹の漫画『MONSTER』もギリシャ的。

『アトム』では天馬博士が交通事故死した息子トビオの代わりに作成したアトムが正義の味方になりますが、『MONSTER』では、後に世を滅ぼす絶対悪になり、彼を殺すべく天馬が落ちぶれた姿で放浪するのでした。

ギリシャ悲劇は我々が知る社会の、外を描きます。初期ロマン派も社会の外を描きますが、程なく社会の外が峻厳な山脈や疾風怒濤の海原へと短絡します。ギリシャの「社会の外」はこれとは違って社会の中にあります。社会の中にデタラメな世界を見通すのがギリシャ悲劇です。ロマン派の短絡に抵抗したのがニーチェ。彼は天才ワグナーがギリシャ的なものの本質を弁えながら敢《あ》えて人畜無害な短絡を敢行したことに苛立《いらだ》ちました。「社会の外」ならぬ「社会の中」に世界のデタラメ（世の不条理）が貫徹するからこそ、人が深く傷つくからです。

映画評で用いる僕の言葉では、世界とはあらゆる全体で、社会とはコミュニケーション可能なものの全体です。世界は社会を含みつつ外に拡がります。こうした認識は3000年程前に各地で生まれましたが、それ以前は、世界＝社会。世界はコミュニケーションで動かせました。星も呪術で動かせました。ところが紀元前5世紀にかけて古代バビロニアに誕生した占星術では、星は動かせず、読むことしかできなくなります。社会と違って世界はどうにもならないとの認識が生まれたのですが、社会もどうにもならないと喝破したのがギリシャでした。

「社会の外がデタラメな世界なのでなく、デタラメな世界に社会が含まれる」ので当然です。

ギリシャ系（現代哲学）とセム系（近代哲学）の違いは、第一に「世界のデタラメを神を使って制御できるか否か」、第二に「世界のデタラメは社会の外だけなのか」という認識にあります。二点を含めてギリシャ的認識を纏《まと》めれば「世の摂理は人知を超える」。何事につけ人知を以てコントロールできる範囲に限りがあると覚悟するか否か。因みに僕の映画評や恋愛ワークショップでは、覚悟する構えをフュージョン系、覚悟せざる構えをコントロール系と呼びます。

コントロール系の構えは不安を埋め合わせようとする神経症と表裏一体です。だからコントロール系に埋没すると、クズ＝「言葉の自動機械・法の奴隷・損得マシン」になり下がります。言外と法外のフュージョンを旨とする祝祭も性愛も縮退。社会はクソ化を免れなくなります。

ことほどさようにギリシャ的とは生き方の構え。初期ロマン派を通じてギリシャを参照する芸術（以下、娯楽に還元できない音楽も含めて芸術と呼ぶ）も生き方の構え。社会に埋没し、あれやこれやをコントロールできるはずだと小賢しいゲームに勤しむ構えを、否定するものです。

とはいえ誰しも社会の中を生きる他ない。芸術を生業とするにも多少は社会に媚《こ》びて売るしかない。でも社会の中でのポジション取りは浅ましくnarrow mindedさもしいgreedy営みです。初期ロマン派でさえブローカーの口上と共に始まった。そこに芸術の矛盾があるのです。

矛盾を避けるべく芸術は「分かる人には分かる」という形で娯楽から差別化しようとします。すると芸術は「分かる人」界隈《かいわい》のサブ制度——一般人の制度に寄生する制度——に堕しがちです。社会の外に出るのがギリシャを参照した芸術の本義ですから、これも深刻な矛盾です。

これら矛盾の自覚から戦間期以降の現代芸術（現代アート）が始まります。この話は「パブリックアート」が抱える問題――パブリックな芸術は可能か――に繋がりますが、ここでは社会に無自覚に埋没する一般人に傷をつけてこそ芸術だという点だけを確認します。

アートが敵と味方を結ぶものであるという言い方がありますが、芸術が異なる価値観を第三の価値観で結ぶという意味ではない。それでは単なる思想の営みです。社会の外に直面すれば価値観の第一・第二・第三にかかわらず誰しも傷を負う。それが芸術だということです。

自由な近代社会では「見たくないものを見ない」ことが可能なので、各所が全体システムに寄生するサブシステムになります。法であれ、政治であれ、学であれ、性愛であれ、宗教であれ、芸術であれ、そうしたサブシステムです。これを「システム分化」と言います。

但し、学・性愛・宗教・芸術（の少なくとも一部）はこうしたフラットなシステム分化に距離を取って全体性を（従って社会の外を）一定の流儀で主題化し続け、コミュニケーションを（従ってサブシステムを）回し続けてきました。だから芸術が社会の中に埋没してはならないのです。

他方、学から見れば性愛・宗教・芸術でさえ社会の中として批判対象になり、性愛から見れば学・宗教・芸術でさえ社会の中として批判対象になり、芸術から見れば学・性愛・宗教でさえ社会の中として批判対象になる。その意味で、これらは自らを特権化する等価な営みです。

僕の物言いも、「学から見れば性愛・宗教・芸術でさえ社会の中として批判対象になる」という性質に即した「芸術の営みに寄生した学の営み」です。それは良し悪しに関係なく近代システムの不可避性です。同じく「学の営みに寄生した芸術の営み」もまた不可避です。学による批判に晒《さら》されるままで応えられない「芸術」は、芸術としての価値が脆弱《ぜいじゃく》です。ことほどさように近代における社会の営みには、ある種の不条理や不条理に甘んじる愚鈍さが不可欠で、愚鈍でありながら不条理を敏感に批判する数多《あまた》の営みの一つが芸術なのです。

但し、芸術の特殊性は、人類「学」の視座から言えば、言外や法外のフュージョン体験やシンクロ体験というクオリア（体験質）に照準することです。夕陽を見て「赤いね」と頷《うなず》き合っても「同じ赤さ」を体験している事実を証明できないのと同じ困難が、芸術にはあります。

主意主義的な世界観

ギリシャ的とセム族的の対立は主意主義と主知主義の対立に繋がります。この対立はギリシャ的なものやセム族的なものの各々の内側にもコピーされ、ギリシャ的なものの内部の主意主義・主知主義の対立や、セム族的なものの内部におけるそれとして再現されてきました。

前項で《ギリシャ的な構えは、「神への依存」を退けて「デタラメな世界」に身を開いて進む営み》《ギリシャ的認識を纏めれば「世の摂理は人知を超える」。何事につけ人知を以てコントロールできる範囲に限りがあると覚悟するか否か》と言いました。

これが主意主義です。主知主義がその反対で《何事につけ人知を以てコントロールできる》とする構えです。但し主意主義が人知や学を否定するとは限らない。人知の限界に挑みつつ絶えず人知の外に開かれた構えを持つ「主意主義者としての学徒」があり得ます。

主意主義の営みを学的に擁護する主知主義の営みもあり得ます。この僕の文章がそう。この入子構造を自覚した上で敢えて言うと、プラトンによれば、主意主義が詩人の、主知主義が哲人の営みで、初期ギリシャが終わってポリス衰退期に入ると、詩人ならぬ哲人が要求されます。

先ほどの自覚を思い出せば、この要求に応えて哲人になろうと意思する営みは実は詩人の営みです。その意味でプラトンは、主意主義としての主意主義から、主意主義としての主知主義へとシフトしたのです。これらを念頭において、主意主義と主知主義の対立を描きましょう。

抽象化すると、主意主義は「規定不能なものに開かれた」感受性。主知主義は「規定可能なものに縛り付けられた」感受性。主意主義は規定不能の最たるものとして意思を挙げます。例えば、主知主義者は犯罪を社会のせいにして免罪しますが、主意主義者はこれを認めません。

条件プログラムに則《のっと》る主知主義（ヤハウェ信仰）とそれを否定する主意主義（初期ギリシャ）の対立は紀元前5世紀前半に始まりましたが、ヤハウェ信仰に由来するキリスト信仰の内部にこの対立がコピーされて、中世スコラ神学でも主知主義と主意主義の対立が反復します。

例えば弁神論。「なぜ完全な神が作った世界に悪や不条理があるか」という問いです。主知主義は「悪や不条理もまた神の御心《みこころ》」つまり神の計画だと考えます。人間は不完全ゆえに完全な神の計画を知り得ないのに、神を真似て善悪判断をするから、そうした問いを問うのだと。

主意主義側は「神は全能だから何でも意思できる」と説きます。善を意思することも悪を意思することも自由自在。悪を作り出す神の意思は端的で、合理性も理由も必要ない。神の意思が端的だとは、判断に先立つ全ての出発点であること。行為の出発点は、端的な意思です。

先ほどの身近な例に則します。犯罪が起きた時、家庭環境や社会の矛盾などの外在的理由（条件プログラム）を挙げるのが主知主義者ですが、主意主義者は、そうした外在的理由は犯罪者に「前提を与えた」だけで、彼が実際に何をするのかは彼自身の意思によるとします。

人が主体であるとは

この問題を徹底的に突き詰めたのが18世紀のカントです。彼はまず『純粋理性批判』でニュートン力学的な決定論を正当化します。同時代の物理学者ラプラスは、全物質の位置と運動量が知られれば全時点の宇宙の状態を確定できるとしましたが（ラプラスの悪魔）、同じ発想です。

でも彼はそれでは終わりません。次著『実践理性批判』では、人倫の世界（社会）における非決定論を擁護します。「ラプラスの悪魔」的決定論が貫徹する世界なら、ある者がいつどんな罪を犯すのかも予め確定していて、罪や責任を問うことに意味がなくなることが、背景です。

彼は自由意思論を展開します。世界を決定論が貫徹しようと、社会では、「その人」の自由意思に基づく行為が妨げられていなければ、行為を「その人」が選択したと見做して帰責できると考えたのです。何がどう決定されているかを誰も知り得ない以上、そうなるのだと。

万物を決定論が貫徹しても、社会は非決定論的な営みだとしたのです。万物に社会が含まれないという意味ではない。「我々はそうした営みをする他ない」とする言語ゲーム論的な視座だと言えます。飽くまでその意味においてカントは自然から社会を区別したと言えます。

これをパラフレーズすれば、自然的な視座では、万物を決定論が貫徹するので、自己原因（決定論から切断された原因）はありませんが、社会的な視座では、当事者の自由意思が妨げられていなければ、彼の行為は彼の選択で、選択した彼が責任を問われるしかない。

今日の物理学では決定論が否定されていますが、今日の社会システム理論からすれば、責任帰属の前提となる「誰が選択したか」という選択帰属は、物理の世界に還元できない高度な社会的構成です。法実務における過失不作為（意思できるのに意思しなかった咎）を例にとります。

かつて主道を走行中の僕の車の後部に、脇道から発進した車が衝突したことがあります。責任は「0対10」に思えますが、法実務では「1対9」。不服だった僕は弁護士に相談しましたが、彼から過失不作為という高度な法的概念についてレクチャーを受けるはめになりました。

いわく「僕がこの事故を絶対に避けられなかったこと」を証明できない限り10分の1の責任がある。脇道に停止する車に気づいて速度を落とすとか、警笛を鳴らすとか、合図する、といった選択を意思することが妨げられていたことを証明できない限り、責任は0ではない。「意思できるので意思する」ことも選択であれば、「意思できるのに意思しない」ことも選択であり、どちらも選択帰属と責任帰属の対象になるのだと。法実務では、前者を「作為commission」、後者を「不作為omission」と言い、共に意思を伴う選択と見做します。

以上の次第で、カントが考えたように、人倫の世界（社会）では、脅迫などで自由意思に基づく行為が妨げられていない限り、不作為を含めた全ての行為は、端的な意思を出発点とした選択だと見做されます。その意味で、法実務に限らず、社会は主意主義的に構成されています。社会だけでなく、僕たちの実存も主意主義的に構成されています。類人猿と人類を比べる比較認知科学によれば、僕たちは過去の選択を長くリグレットする（悔いる）存在で、だから二度と繰り返さぬよう未来の選択に投企します。こうした時間軸上の自己把持が自意識の源です。

作品は誰のものか

社会学も、パーソンズの主意主義的行為理論に見られるように、行為を決定論で捉えず、完全な条件付けができない端的な意思が出発点だと見做します。カントに倣った流儀ですが、そこで問題になるのが「意思とは何か」です。この問題についてもカントは思考しました。

その思考もギリシャを参照しますが、「意思とは何か」の議論は、「芸術作品は誰のものか」「作者の選択であるような作品に果たして価値があるか」の議論に直結します。ギリシャ的思考伝統が「社会の中に貫徹する社会の外への敏感さ」であることを想起しましょう。

ギリシャ悲劇が示すように、社会の中にも社会の外が貫徹します。社会を世界（の未規定性）が貫徹します。確かに社会の中では損得勘定や思い遣りといった選択（作為と不作為）が機能します。でも、社会の中を生きる我々が「やむにやまれぬ衝動」に駆られることもあります。「やむにやまれぬ衝動」は、周りにいる奴《やつ》らをぶち殺したいという形を取ったり、命を賭しても仲間を助けたいという形を取ったりします。アリストテレスはこれを「パトス」と名付けます。情念と訳されますが、元は「外から降りかかるもの」という意味でした。

因みに「パトス＝降りかかるもの」に由来する英単語が、「passive＝受動的」であり「passion＝情念」です。「パトス＝降りかかるもの」には、衝動だけでなく、天変地異や山や川や海の物理的配置も含まれます。僕たちが受動的である他ない何かが、パトスなのです。

アリストテレスの考えでは、衝動を含めた感情の全ては降りかかるものです。それを参照するのがカントの自由意思論です。カントによれば、感情につき従うことは自由意思の反対で、感情に抗う時に初めて自由意思が生まれます。やりたい放題は単なる受動なのだと。

選択（への意思）の起点を主体と言いますが、感情通りに振る舞う存在は主体ではなく、感情に抗って振る舞う存在だけが主体だ、という訳です。感情通りに振る舞う存在は自由ではなく、感情に抗って振る舞う存在だけが自由だ、と言い換えても構いません。

一見すると通念に反するので、カントの自由意思論は難しいとされますが、以上のように説明すれば難しくありません。実際、激情に駆られて暴力を振るう者の責任を問う場合、我々は、激情に抗う自由意思を行使しなかった不作為を、誤った選択として糾弾している訳です。

カントの『純粋理性批判』はニュートン力学的世界観を、『実践理性批判』は近代の社会原則を、正当化することを目標にしていますが、後者では、彼が「人間は自由意思で行為を選択できる個人（主体）であるべきで、それは良いことだ」と考えているのが、分かります。

ところが問題はここにあります。「主体でなくなるのはいけないことか？」。ここにカントとアリストテレスの違いがあります。アリストテレスは「主体でなくなるのはいけないことだ」とは考えません。ギリシャ的な思考伝統からすれば自然かつ当然だと言えるでしょう。

芸術は、衝動に基づく表現です。近代のみならず大規模定住社会は「言葉の自動機械」「法の奴隷」を要し、そうした存在を主体と呼んでいますが、初期ギリシャがいう社会の外とは、そうした規定可能性の外にある規定不能な何か（に基づくシンクロ）です。

そうした芸術を擁護する立場からすれば、主体でなくなることが「いけない」はずがない。

人が主体でなくなると、自動機械と呼び得るものになります。僕は「言葉の自動機械」という否定的な言い方をしますが、それは「言葉の」自動機械（による「法の」奴隷）だからです。「言葉の」自動機械であれば、個人が主体に見えても、真の主体は社会（ラカンの「大文字の他者」）です。だから全て予想可能で、価値のない表現になります。でも、自分の中にある誰もが見たくないので見ようとしない衝動が表現を突き動かす時、社会の外が露呈します。

主体と呼ばれる社会化された自動機械に自分が収まらない事実に気づく契機となる契機は、様々あり得ます。芸術家は、それらに触発されて、「言外・法外の」自動機械となって社会の外を開示し、それゆえに、他者をミメーシス（感染的に摸倣）する自動機械へと導きます。

かかる表現の送り手も受け手も、降りかかってくるもの（パトス）に駆られる受動の内側にいます。能動に見えて受動であるものを中動と言いますが、芸術の授受は中動態的な営みです。そのことは20世紀のシュールレアリストが行っていた「自動筆記」の手法でも明らかでしょう。

主体のラベルはどうでもいい

このように、人が主体ではないことでなされる表現を擁護するとなると、「作品は誰のものか」を考えるもう一つの軸が出てきます。それは「主体に貼られたラベル」と作品はどんな関係があるのかということ。結論的には「主体に貼られたラベル」はどうでもいいのです。

例えば「主体に貼られたラベル」が犯罪者だったらどうか。これは主体の性質を名付けたラベルで、その性質は社会の中で意味を持ちます。ギリシャ的伝統に従う限り、社会の中で主体が持つ性質と、社会の外から降ってくる衝動の間に、関係はない。実際、あり得る話です。

今回の電気グルーヴの件でも、多くの識者が「作品と作者は別の存在だ」と主張しています。僕もその通りだと思います。但し、なぜその通りなのか。そこにあるロジックとして、人は必ずしも主体ではないという議論を知ってほしく、今回詳しく記しました。

纏めると、作品は「主体が作ったものではない」ので「主体に貼られたラベルは作品と関係ない」。実際そういうことがあり得ます。であるなら、犯罪者というラベルによって作品の販売・在庫・配信を封印するような措置は、芸術の本質への理解を欠くデタラメです。

そもそも作品に署名があることすら、芸術にとってノイズです。ここに紹介した考え方は、レコード会社や製作会社に要求される以上に、一般人が持っていてほしい見識です。今回の騒動を奇貨としてそうした理解が広まれば、騒動にも意味があったと言えます。

性愛も脱主体化が必要だが

モーツァルトは「作品は空中から降ってくるだけで自分は何もしていない」と言います。夏目漱石は短編集『夢十夜』で運慶について「木の中に仁王像が埋まっていてそれを掘り出すだけ」と言います。ことほどさように表現の多くは脱主体化した変性意識状態でなされます。

知人の芸術家たちも実際「自分が」作っているとは感じないと言います。一般人がその感覚を想起できる機会が性愛です。恋に落ちるという言い方が示すように「降ってくるもの」が恋愛。セックスの時に何をするのかも、選択ではなく、「降ってくるもの」です。

「自分がなぜそんなことをしているのか説明がつかないのに、気がつくとやっている」感覚が性愛の特徴です。だから性愛は社会の外を開示、言外・法外のシンクロをもたらします。その意味で性愛は祝祭に似ます。コントロール（社会の中）ならぬ、フュージョン（社会の外）。

東日本大震災後しばらく性愛ワークショップをして驚きました。多くの若者たちが性愛を選択だと思い、フォーマットに従って自分をコントロールすることに意識を集中するのです。正解を模索している時点で、フュージョンに必要な「世界に委ねる感覚」から見放されます。

ワークショップは、まず「それをやめろ」と言うところから始まりますが、すると「主体の放棄」に伴う不安に襲われます。それではフュージョンつまり言外・法外のシンクロは無理。若者の性的退却が各種データから明らかですが、ここに最も深い理由があります。

性愛に限りません。そもそもあらゆる体験が選択ではないからです。行為は与えるもの。体験は与えられるもの。現象学がその事実を究明します。それによると「自分の体験だ」という理解も高度な体験加工です。体験は、経験的主観ではなく超越論的主観に帰属します。

世界の中に自分がいる。そう思っているのは誰か。自分だ。世界の中に自分がいる・と思っている自分がいる・と思っている自分がいる……と無限背進。どんな体験でも、体験しているのは自分だ・と思っているのは自分だ・と思っているのは自分だ……と無限背進します。

背進を無限に延長すると、パースペクティブ（どこから見るかの起点）が想定されます。これが超越論的主観です。超越論的とは、経験の可能性条件を遡及して得られる、それ自体経験できない条件のこと。内在（経験可能なもの）と超越（経験不能なもの）の繋ぎ目に位置します。

体験している（感じている）のは誰か。自分だ。と思っているのは誰か。自分だ。と思っているのは……の延長上に規定不能なもの（超越論的主観）が出てくる。何かを感じているのは自分だとの一見規定可能な意識は、規定不能性に見舞われています。

話を聞いて皆さんはどんな感覚を抱きますか。幽体離脱感。離人症的感覚。自己疎隔。そうでしょう。それを感じる時、皆さんは変性意識状態に陥ります。性愛に必要な委ねは、そんな意識状態に関連します。芸術や学（の一部）の表現も実はそうした意識状態に関連します。

昨今の性愛は、主体による選択肢選び、というテレビゲームみたいなコマンド選択式ゲームに堕落しました。性愛と同じく「降ってくるもの」「訪れるもの」に身を委ねるべき芸術や学も、同様に堕落している可能性がある——そうした堕落は人間を社会の中に縛り付けます。

社会の外に出ることの意味

性愛や祝祭と同じく、芸術も、社会の中の由無し事をカッコに入れて解き放たれる体験です。かつての人々はそうした体験をよく知っていました。でも昨今は知らない人々が増えました。そのことが、性愛や祝祭と同じく、芸術を困難にしているように感じます。

そこには「知らないから営みが困難になり、営みがないから知らないままになる」という悪循環があります。そこからの離脱を考えるヒントが、性的退却と並行して進んできた「法の奴隷」問題です。因みに「言葉の自動機械・法の奴隷・損得マシン」が、「クズ」の定義です。

前節の復習です。定住社会は遊動集団より大規模で、それを支える収穫物のストックがあります。それを守るべく所有が生じ、所有を守るべく法ができました。法に従う生活は不自然なので、「なりすまして」生きるために祭りがあった。法は「仕方なく」従うものでした。

遊動集団は150人以下の血縁で結合した仲間集団。定住社会はその範囲を超えた疑似仲間集団。前者はリアル血縁、後者は疑似血縁（トーテミズム）。法は高々別の仲間集団と仲良くやっていくためのもの。むろん仲間集団の絆《きずな》が、疑似仲間集団の法よりも優越しました。

複数の仲間集団間の対立を調停するのが法です。仲間集団は内的視座。違う仲間集団同士が共生する法は外的視座。前者が私《わたくし》。後者が公《おおやけ》。仲間集団内の営みを掟と呼べば、掟は直接的・無自覚的。法は間接的・自覚的。法は仕方なく従うものだとはそういう意味です。

法に従う内に、「なりすます」のを忘れて頽落《たいらく》しがちだから、祭りで、①法外のシンクロを回復して仲間集団（の掟）を思い出し、②法外のシンクロを通じて別の仲間集団の人々との疑似仲間をより仲間らしくします。「法外を守るための法」という形式が両者を貫徹します。

掟で結ばれた仲間集団を共同体と呼ぶと、近代的なシステムに依存するほど相互扶助が免除されて共同体が空洞化します。世紀末からのインターネット化でシステム依存（Amazon！）が加速、人々は分断されて孤立、共同体と掟を知らない人々が増えます。

共同体から見放された人々は、不安を埋め合わせようと、神経症的反復を見せるようになります。すると「法外を守るための法」が「不安を埋め合わせる法」に置き換わり、何かにつけ法を絶対視し、「あいつは法を破った」と炎上してインチキ仲間を作るようになります。

かくして、法外に出た者を見つけると自分に何の関係もないくせにギャアギャアいきり立つクズが量産されるようになりました。法外のシンクロを生きるための共通前提や共同身体性がないので、法という空疎な前提にガチでしがみつきます。「法の奴隷」とはこのことです。

「法の奴隷」は、言外の共通感覚や共同身体性への信頼を欠くので、「言葉の自動機械」としてピーチクパーチク騒ぐ。仲間がいない寂しい個人が不安を埋め合わせるべくネットで騒ぐ。仲間がいる者は自分がやられたらイヤだと思うことをやりません。「相互性の原則」です。

「相互性の原則」を仲間集団の外にも拡張するのです。そうした人々は個人の損得よりも仲間集団の損得を優越させます。逆に、仲間のいない寂しい個人は損得を個人化させます。これが「損得マシン」。今日「言葉の自動機械」と「法の奴隷」と「損得マシン」が重なる背景です。

仲間集団に包摂された存在にとって法は間接的で掟は直接的。法は掟で結ばれた仲間集団内には及びません。民事不介入の原則 the principle of staying out of civil disputes はこの伝統的感受性を近代法に書き留めたものです。クズにはこの原則が理解できません。

クズ（言葉の自動機械・法の奴隷・損得マシン）には、民事不介入の原則の適用余地がないのと同様、豊かな性愛や祝祭の営みの余地も、芸術の営みの余地もありません。ポジション取りのために、撮影自由な森美術館での自撮りをインスタグラムにあげる営みは、芸術の反対物です。

感染のススメ

こうしたクズ化は、先進国に限らずどこでも多かれ少なかれ生じている普遍現象です。その意味でクズ化は事故や故障ではありません。定住化→大規模定住化→近代化（システム化等）→情報テクノロジー化（インターネット化等）という推移がもたらした必然的な帰結です。

近代化が進むとシステム化によって生活世界（共同体的な仲間集団の生活）が縮小します。それに連れて、生活世界を生きる我々が便宜のためにシステムを使う状態から、システムが生活世界を生きる我々を駒として使う状態にシフトします。汎システム化 pan-systemization です。

でも最近までは先進各国にも生活世界が残っていました。性愛に基づく家族が典型です。ところがグローバル化による中間層の分解（人間関係資本の縮小）とインターネット化（相互扶助の免除と「見たいものしか見ない」作法の拡大）で、この20年間で生活世界が消滅しかけています。

並行して「言葉の自動機械・法の奴隷・損得マシン」という意味でのクズ化が進みました。だからクズ化は古いことではありません。仲間集団≒共同体≒生活世界の縮小でクズ化が進むメカニズムを理解するには、文字の発明による文明化＝大規模定住化の歴史の一瞥《いちべつ》が必要です。トーンや表情やしぐさなどの文脈に依存する音声言語と違い、文字言語はこれらの文脈に依存しません。そのことが広域統治の可能性を与え、１万年前から順次始まった定住化に続いて、３０００年前から各地で大規模定住化が始まりました。文明と呼ばれます。

文字以前の小規模な定住社会では、口頭の伝達が全てで、リズムやピッチや韻律やしぐさが重要な機能を果たしました。こうした文脈依存ゆえに、理路を用いた散文言語よりも、隠喩や換喩を用いた詩的言語が優位でした。理解よりも体験の共有が伝達にとって大切だったのです。

最近のネアンデルタール人の全ゲノム解析で、ネアンデルタール種・デニソワ種・サピエンス種を含むヒト属に共通する歌の遺伝子ＦＯＸ－Ｐ２の存在が明らかになり、４万年前にサピエンス種のＦＯＸ－Ｐ２の機能が周辺遺伝子の変異で制限されたことも明らかになりました。

この変異でストリーミングが分節され、入れ替えによる場合の数が上昇、歌と区別された言語が得られました。楽しい歌を聴けば楽しくなりますが、楽しいという言葉を聞いても楽しくなりません。言語が「体験の直接伝達」と異なる「意味的な間接伝達」を可能にしたのです。

イルカやクジラも多様な発声による伝達をしますが、意味的な間接伝達よりも体験の直接伝達に近いものです。こうした体験の直接伝達がミメーシス（感染的摸倣）をもたらします。それに比べれば、言語はミメーシスによる動機付けから切り離された装置だと言えます。

体験の直接伝達とミメーシスは「降りかかるもの」（パトス）であり、主体の選択ではありません。ただ歌から分化した言語を獲得したものの、長い間言語の散文的可能性は使い尽くされず、歌に似た詩的言語が優位でした。それが文字言語による散文言語の優位化で文明化します。

意識は個体内部の「反応に対する反応に対する反応……」という反応の再帰性として定式化されます。最初にこの定式を用いたジュリアン・ジェインズは同時代（60年代）のエリック・ハヴロックと同じく、文字化による散文言語の優位化が意識をもたらしたとします。

神官に限らない文字の使用・意識の誕生・文明の誕生は、3000年前という最近のこと。しかしそれ以降も人々は暗喩や換喩を駆使した詩歌を書いてロゴスの暴走を抑止しました。古代ギリシャでも古代中国でも詩歌は政治に匹敵して大切でした。我々が既に失った営みです。

文字言語化による散文言語を優位とする近代化は、社会を複雑にする一方、実存を貧しくしました。システム化がもたらした生活世界崩壊による不安化だけでなく、散文言語の優位による実存の貧困化も加速しています。社会の複雑化で劣化した実存が複雑な社会を脅かしています。

こうした経緯を日本人は理解しやすいでしょう。平安時代の政治を司《つかさど》った貴族について、どんな政策を考えていたかよりも、どんな和歌を詠んだのかの方がイメージしやすいはずです。さらに昔、政治を司った天皇家も、漢詩を詠むことが代々受け継がれた伝統でした。

時代を下ると、90年代までの日本人は地域の祭りで香具師《やし》の口上を聞けました。香具師はヤクザで、祭りは彼らと一般人が接点を持てる唯一の機会でした。ヤクザは元は被差別民を含む弱者の相互扶助組織として誕生し、ヤクザであることでも差別される人々でした。

詩歌は韻律を用いた言外のシンクロを旨とし、祭りは一般人が被差別民と時空を共有する法外のシンクロを旨とします。言外のシンクロは社会を支配するロゴスを越え、法外のシンクロは社会を支配する法を越え、フュージョンの時空でミメーシスの中動が人を束ねました。

ミメーシスは「摸倣」と訳されますが、それでは能動を意味するので誤訳です。僕は教育を論じていた90年代半ばから「感染的摸倣」と訳し、中動を明示してきました。ミメーシスとは、「すごいもの」に触れて、思わず心と体を委ね、未知の時空に彷徨《さまよ》い出ることです。

我々日本人は、システムに依存する近代人でありながら、最近までミメーシスと共にありました。その良し悪しを考える時にカントが問題になります。彼は妨げられない意思を自由意思と呼び、欲望を退けた意思の貫徹を自由だとしましたが、この考え方には賛成できません。

20数年前、子供の学びの動機として競争動機と理解動機のどちらが良いかが争われていました。愚昧な議論だと思いました。僕の場合、感染動機が圧倒的に優位だったからです。大学に入っても、極左の哲学者廣松渉《わたる》、極右の社会科学者小室直樹に、感染しました。

彼らは「この世ならぬすごい存在」でした。感染して、喋り方から箸の上げ下ろしまで彼らのようになりました。能動的に真似したのではなく、気がつくと摸倣している。まさに感染です。カントの物言いに反し、僕はこの感染状態こそが真の自由だと感じます。

何にも邪魔されず、引力に引っ張られて自由落下することが、人が自由を感じている状態です。「からの自由」（消極的自由：囚われない自由）か「への自由」（積極的自由：意思して向かう自由）かというバーリンやフロムの問題設定は、能動に囚われた不自由な発想に過ぎません。

京都に育った僕は、後に日本中の祭りを巡るほどの「お祭り体質」で、時に山林を彷徨って迷子になる「神隠し体質」でした。だから中学高校紛争のカオスに耽溺《たんでき》し、中高時代からアングラの劇や映画や音楽にハマりました。性愛にハマったのも同じ「体質」によるでしょう。

様々な場所に記したように、そんな僕は90年代半ばを境に自分の居場所となる時空を失ったと感じました。「微熱の街」が消え、人々の「体温」が下がったと感じて、フィールドワークからもナンパからもリタイア。やがて鬱化して、床に伏す状態が続きました。

人々が、社会の外を、言外・法外のシンクロを、フュージョンを、ミメーシスを失って、社会の内に閉ざされ、不安ゆえに言葉の自動機械・法の奴隷・損得マシンになり下がったのは、グローバル化とインターネット化が顕在化した90年代半ば以降のことです。

現在、若者たちの多くがフュージョン系ならぬコントロール系の構えに閉ざされ、ミメーシスから見放されています。性愛の時空で「体験の直接伝達」ならぬ「言語の意味」にこだわり、「主体の溶解」ならぬ「主体のポジション取り」に勤しんでいます。実に浅ましくさもしい。

既に述べた人類史から明らかなように、これは事故や故障ではありません。近代文明のせいですらなく、3000年前に始まった大規模定住社会化（文明化）の帰結です。いずれこうなる必然でした。僕が「右か左かではなく、マトモかクズかだ」と繰り返してきた所以です。

事柄が必然的帰結だとすれば、系統的に抗う戦略が必要です。社会を変えられなくても（変えられないからこそ）実存が社会に引きずられないために必要です。「社会という荒野を仲間とマトモに生き抜く」ための戦略。そのための重要な営みが芸術だというのが僕の構えです。

ピエール瀧さんも石野卓球さんも、カリスマ（感染源となる性質）を備えた方々です。電気グルーヴのリズムに体を委ね、フュージョンとミメーシスの時空に――社会の外に――出かけることもできます。テクノやEDMなどダンスミュージックは、残された数少ない祝祭です。

作曲者が薬物で逮捕された程度の理由で、楽曲の販売や配信をやめてしまうのは、ここまで述べてきた話からも分かるように愚か過ぎる選択です。この愚かさは、２０１９年夏、「あいちトリエンナーレの表現の不自由展・その後」騒動で誰の目にも顕在化しました。

第三節　好きなものを好きと言おう

薬物問題の国際的な流れ

ピエール瀧さんの問題では、薬物がずいぶん話題になりました。ただ日本の議論は話にならないレベルです。そこで、ここでは薬物の問題についての国際的な議論の流れを話します。薬物の扱いがこの20年で国際的にずいぶん変わったという話から始めます。

最近大きかったのは、２０１４年にＷＨＯ＝世界保健機関が「薬物使用を犯罪として扱うよりも治療するべきだ」という方向に切り換えたこと。これはＨＩＶの予防や治療のガイドラインに関するもので、ＷＨＯは世界各国に「薬物使用の非犯罪化」を推奨したのでした。

続いて２０１６年、国連総会で薬物に関する特別セッションが行われ、禁止するだけではなく、「人権を考えるべきだ」という方向が打ち出されました。この場合の人権とは「治療を受ける権利」。刑事罰に処するよりも治療することが社会的に重要だという意味です。

それまで国際的に行われた薬物禁止キャンペーンは、費用に見合わない成果しかあげられなかったというのが、正直な歴史的事実です。理由は何か？　その答えを知るには、20年ほど前からポルトガルで行われた大規模な社会的実験を、まず参照する必要があります。

薬物の中でも危険薬物（ハードドラッグ）とされるのがヘロイン。呼吸中枢の麻痺《まひ》で命の危険もあり、世界のどこでも取り締まられます。ところがポルトガルは、２００１年に世界で初めて、ヘロインも含めた全薬物について、個人の所持や使用を罪に問わないことにしたのです。

これはハーム・リダクション（有害性低減）という考え方で、薬物を禁止してアンダーグラウンドに潜られるのを防ぐと同時に、薬物によるダメージを減らしていくアプローチです。体の負担が軽い代替薬物の投与や、注射器の配布、医療相談など、多岐にわたります。

その結果、ヘロインを含めたハードドラッグの使用が顕著に減りました。それ以来、この20年で薬物に関する国際的な流れが大きく変わりました。いまや知らないのは日本人だけです。この背景にある考え方として挙げられるのは、見えにくいのですが、正統性の問題です。

正統性 legitimacy とは元は血縁的継承線のこと。転じて「内容ならぬ形式が与える尤《もつと》もらしさ」という意味になりました。正統性は形式の属性なので持続可能性が大切です。薬物行政は世界中どこでも一国内でコロコロ変わります。同時期で輪切りにしても国や州で違います。

すると薬物行政の正統性が疑わしくなって遵法動機が減ります。正統性には正当性（内容の正しさへの信念）を学ばせる力があるからです。またこの力ゆえに各国・各州で薬物に関する民意がバラバラになります。それでさらに遵法動機が減ります。薬物行政につきものです。

この場合、法の妥当な内容を考えたり感じたり話し合ったりするのに留めるよりも、原則の持続可能性という形式の方が、遵法動機の担保という観点からは大切です。「持続可能性が正統性にとって大事だ」ということから「治療」という考え方が出てきていると思われます。

但し特定薬物に関わる治療の図式ではありません。アルコール中毒やクレプトマニア（万引き中毒）や痴漢を含めた全てのアディクション（中毒や依存症）に関わります。毒性に関する変わりがちな定説で法をコロコロ変える必要もなく、持続可能になります。

ここでまたカントです。妨げられない意思を自由意思と呼び、その意思を出発点として振舞える状態が自由です。ということは、何かに依存して縛られている状態は不自由です。依存しなければ自由になる。治療は依存者をリベレートすることです。

Liberate＝自由にすること＝解放です。これならば正統性論として擁護しやすい。犯罪から治療へという流れの理念的背景はそういうことだと思います。日本ではその種の正統性論を聞いたことがありません。法が禁止するものは悪だと叫ぶ「クズ＝法の奴隷」が溢《あふ》れています。

原子力行政から薬物行政まで、日本では一旦動き出した政策は変えられません。理念による政治主導が存在しないゆえに生じる、先輩官僚の営みを否定できない無謬《むびゅう》原則や、個々の行政分野に関連する天下り先の消滅を嫌う権益原則が、背景にあります。

似た傾向は各国の官僚組織にも多少はありますが、日本と違い、公益のために政治主導を受け容《い》れたり官僚に変革の主導を促す規範が機能します。これをcivic virtue（公民的徳）と言います。官僚組織や政治集団だけでなく、市民社会に広く行き渡った、ある種の歴史的な伝統です。

日本にはこれがないと喝破したのが社会心理学者の山岸俊男氏。第一に、日本人が集団主義だとする通念は誤りで、どこよりも利己性が強い事実が統計的に実証でき、第二に、この利己性は所属集団内でのポジション取りに向けられ、各集団の共生プラットフォームに向かわない。

この共生プラットフォーム――コモンズ（共有財）――が公で、公に貢献しようとする内発的意欲が公民的徳です。17世紀以来の江戸幕府の善政ゆえに共生プラットフォームをオカミに委ねた事実や、幕府の政策で人口学的流動性が低かった事実が、この徳を阻害しました。

日本にも公の言葉はあれど、滅私奉公の言葉が示すように所属集団への貢献を指し、各集団の共生プラットフォームは視界に入らず、集団エゴが蔓延します。福島第一原発の大事故後の地域独占電力企業の策動や、それと結合した政治・行政・学会・労組の動きが象徴します。

山岸氏の計測では、この集団貢献は内発的な集団貢献意欲――集団主義――に基づくのではなく、所属集団内でのポジション取りという個人的な損得勘定に基づきます。その事実は、森友学園疑惑の際の「蜥蜴《とかげ》の尻尾切り」的な政治家ムラの動きが象徴します。

氏のデータは最近のものなので、昔からそうなのかは分かりません。「袖振り合うも多生の縁」「世間様に顔向けできない」の物言いから、罪意識の源泉となる公民的徳はなくても、恥意識の源泉となる世間の参照はあったと推測できます。とすると「恥知らず」が増えた訳です。

これを援助交際問題を扱っていた25年前に「仲間以外は皆風景」と呼びました。そこでの仲間は共同体ではなく所属集団を意味します。60年代の第一次郊外化＝団地化と80年代の第二次郊外化＝コンビニ化による、地域共同体の空洞化が背景にあると、当時論じています。

ナチスドイツと権威主義的パーソナリティ

改めて確認すると、僕の定義では「クズ＝言葉の自動機械・法の奴隷・損得マシン」。恥知らずに周囲を顧みず、所属集団内のポジション取りに勤しむ輩は、まさにクズ。25年前の分析に従えば、官僚や企業人にクズが増えたというより、日本全体にクズが増えたのです。

当時の僕は専ら日本的傾向だと論じましたが、90年代後半以降のグローバル化による過剰流動化と人間関係資本（ソーシャルキャピタル）の空洞化で、クズ化による公民的徳の消失は今や先進各国に限らず世界に拡がっています。日本は「課題先進国」だったに過ぎません。

言葉の自動機械・法の奴隷・損得マシンは、不安の埋め合わせとする反復行動で、神経症の徴候です。不安の淵源は、社会的地位低下や人間関係資本の分解による劣等感です。人間関係資本の分解は、中流崩壊や過剰流動性が背景です。これらが自尊心の在り方も変えました。

人は不安に駆られると、不安の淵源と無関係な営みで埋めようとする。それがフロイトの神経症図式で、同じ図式でファシズムの背景を分析したのがフロイト左派＝フランクフルト学派。実証データに基づくエーリッヒ・フロムの「権威主義的パーソナリティ」概念が有名です。

彼によると、ワイマール共和国でナチスを支持したのは貧困層ではなく没落中間層。没落中間層の方が強い不安を抱いたからだとします。彼らは不安を「強い大きなもの」で埋め合わせようとして、ヒトラーの言説に、不安の痛みに効くから飛びついたのだとしました。

これは今日のポピュリズム政治の背景を説明しますが、一般的には自尊心の構造変化を説明します。「強い大きなもの」は所属集団自体の威信を意味しますが、構造を所属集団内での個人のポジションに平行移動すれば、ポジション取り野郎という神経症を説明できます。

ナチスドイツという「強い大きなもの」を帯びると、国外に対してマウンティングできて劣等感を埋め合わせられるのと同じように、「より高い地位」で「より大きなコントロールパワー」を帯びることで、他者たちにマウンティングできて劣等感を埋め合わせられます。

高校世界史を復習すると、ワイマール共和国憲法は当時最も進んだものでしたが、第一次大戦で敗戦してベルサイユ条約で多額の賠償金を課せられ、経済的危機に陥って歴史上稀《まれ》に見るハイパーインフレに陥ったことで、中間層が直撃されて、一挙に没落していったのでした。

中流の輝きが忘れられない彼らは元々の下流よりも大きな劣等感に苛《さいな》まれ、それを埋め合わせるべく「強い大きなもの」に所属したがります。多くに自分の考えが絶対だと信じる単純な傾向があり、弱者攻撃に向かう。フロムは「権威主義的パーソナリティ」と名付けます。

かくて、1933年にナチスが政権を掌握、34年からの独裁が可能になった、という話でした。独裁に先立ち、ドイツ各地のナチス党員は地元の官公庁に押し寄せ、ハーケンクロイツの旗を建物に掲揚させました。権威主義的というのがぴったりなクズぶりです。

フロムを含むフロイト左派＝フランクフルト学派第一世代は「権威主義的パーソナリティ」を社会的性格だとします。個人の生来や育ちからくる個人的性格と違い、広汎に拡がり、短いスパンで出来上がった心の構えです。マックス・ウェーバーのエートスとは違います。

エートスは、主に宗教的営みの社会的持続が形作る「変わりにくい行為態度」。ところが社会的性格は、エートスと違って10年スパンで変わります。エートスが遺伝子系だとすれば、社会的性格は表現系。その意味で、昨今のネット炎上や疑心暗鬼化も社会的性格だと言えます。

ネット炎上は神経症的

ネット炎上やネトウヨの営みは、フロムが喝破したワイマール没落中流と同じくダメ意識から逃げたい人々による埋め合わせです。不安に駆られると不安の源とは無関係な反復で埋めようとするというのがフロイトの神経症図式。同じ図式で政治的支持の背景を分析できるのです。

人は孤立すると不安ゆえに疑心暗鬼化するゲノム的性質があります。この性質ゆえに仲間集団を作る人々だけが生存上合理的だから生き残った。なぜなら仲間集団を失って不安になると言葉の自動機械・法の奴隷・損得マシン化の神経症傾向が顕在化してテイをなさないからです。テイをなさない人々を「病気になって人間モドキという虫になった」と見れば腹も立ちません。人がカブトムシに腹を立てないのと同じです。だから僕はラジオ等で「炎上上等」の構えで発言します。ネット炎上やネトウヨに脅える人の気が知れません。

問題は、人は民主主義をまともに回せるけど虫には回せないこと。けれど政治家だけが劣化=虫化を免れることはないので、劣化した政治家も虫たちを動員して権力を得よう・保とうとします。それが、劣化した感情を当て込んだ「感情の政治」としてのポピュリズムです。

僕がトランプ政権誕生や安倍政権の継続を待望してきたのは、人々の多くが虫化=言葉の自動機械化・法の奴隷化・損得マシン化している事実から目を背けてほしくないからです。因みに「ポスト真実《トゥルース》」の本質は、真理に反応せず、不安の埋め合わせに反応する構えです。

その意味で、在日というマークを見るや脊髄反射的に反応するウヨ豚も、男というマークを見るや脊髄反射的に「男は敵だ」と反応する糞《くそ》フェミ（フェミニストの少なくない一部がこれ）も、憲法9条というマークを見るや脊髄反射的に「護憲だ」と反応するパヨクも、同断です。

政治コミュニケーションの世界に留まりません。ピエール瀧さんの一件で「犯罪者の曲を売るのか」「犯罪者を擁護するのか」と反応する虫、つまり言葉の自動機械・法の奴隷が、ツイッターで増殖しましたが、この種の反応を人間の世論として受け止める必要はありません。

ソニーの対応も、炎上勢力を人間の世論として受け止める言葉の自動機械の反応です。薬物使用で司法プロセスに送られた外国人ミュージシャンの作品の販売・配信の停止をしていない以上、全くの法の奴隷ではないけれど、国内ミュージシャンについては法の奴隷です。

脊髄反射的に反応するクズ化の症状は、政治・行政・生産者・消費者・ポリティカルアクションの能動側・受動側など全方面に拡大しています。まさにジャック・フィニイの小説『盗まれた街』（映画「SF／ボディ・スナッチャー」〈1978年〉の原作）で描かれている悪夢です。『盗まれた街』は、誰も気づかぬうちに人々が次第にエイリアンに体を乗っ取られ、いつの間にか全ての人間が「人間モドキ」になるという話。最後に残った主人公も実は「人間モドキ」になっていたという映画のラストシーンを、大学生の頃に見て震撼《しんかん》し、深く傷つきました。

傷ついた理由は、全てが人間モドキになって人間が消えてしまえば、新たにそれらが人間だという話になるからです。そんな新たな人間たちの新たな社会が持続可能なのか分かりませんが、それまで続いてきた社会は消えてなくなる――。その恐怖が僕を捉えたのでした。

もしかすると社会はそうなりかけているのかもしれない。この文章を書いている僕や、「なるほど」と思ってくれた貴方は、極《ご》く少数なのかもしれない。であればこそ、そうした少数者が連帯して、既に人間モドキだらけになった「社会という荒野」を生きねばなりません。

連帯して生き残れば、巻き返しのチャンスがいずれ来るかもしれない。今回の電気グルーヴの作品に関する署名の呼び掛けには、そんな意味があるように思います。急速に劣化する社会を誰もが生きていくだけでも精一杯という中で、各所に仲間がいると思えることは大切です。

「奴らの営むクソ社会には適応しないぞ、クソ社会に抗って俺たちは永久に俺たちであり続けるぞ」というモチーフが、多くの若者がオルタナティブな生き方を模索した、60年代半ばから数年間で世界中を席巻したロック（な生き方）のモチーフだったはずです。

テクノのルーツはロックです。ロックがプログレ化し、単なる演奏テクニック競争になった事態に「抗い」、ドイツ実験ロックの雄クラフトワークが八分音符だらけの誰もが作れる打ち込みのテクノポップを始めて後のテクノに繫がった。そこにあるのも「抗う」志向でした。

電気グルーヴ作品はテクノ（≠テクノポップ）ですが、今こそこうしたルーツを思い出し、「抗う」志向を取り戻すべきです。そうすれば、「抗う」志向を持つのが自分一人ではないことを確認し、クソ社会を辛うじて「なりすまして」生きる勇気を手にできるかもしれません。

あいちトリエンナーレ「表現の不自由展・その後」

ここで話が変わります。電気グルーヴの件で揺れた春先は、まだ序章でした。真夏の8月に入って激震が走りました。愛知県内の4つのメイン会場を舞台にした国内最大規模の芸術祭「あいちトリエンナーレ」を巡る「表現の不自由展・その後」騒動です。

あいちトリエンナーレの展示群の中で、芸術監督の津田大介氏が気合を入れていた「表現の不自由展・その後」の公開が、3日間で中止されました。電気グルーヴ騒動と共通するのは「作品への人々の接触が、外的な要因で遮断された」点です（10月8日再開）。

原型となった「表現の不自由展」は2015年に開催されたもので「表現出来なくなった作品を集めた展覧会」でした。あいちトリエンナーレでは、その時に展示した作品と、それ以降に公立美術館などで展示不許可になった作品を、恣意的に選別した上で展示していました。

中でも物議をかもしたのが、大浦信行氏の作品「遠近を抱えて」と、キム・ソギョン、キム・ウンソン夫妻の「平和の少女像」。僕は公開中止の後にあいちトリエンナーレに出かけたので、「表現の不自由展・その後」は見られませんでした。そのことをお断りしておきます。

「遠近を抱えて」ですが、元々は1986年に富山県立近代美術館（当時）主催の「'86 富山の美術」で展示された、昭和天皇の写真をコラージュした版画です。展覧会終了後に美術館に収蔵されましたが、富山県議などから批判され、美術館は作品を売却、図録も焼却しました。

大浦氏はニューヨーク留学中にアイデンティティの危機に陥ったのを機に自己省察を重ね、天皇に行き着いて作品化しました。だから氏は「against 天皇」どころかむしろ「for 天皇」なのですが、文脈を弁えない愚かな議員がagainst（アンチ）だと勘違いして騒いだ結果でした。

大浦氏は図録焼却の経緯を踏まえて、天皇写真をコラージュした自身の版画を燃やすシーンを収録した映像作品を今回出展しました。むろん「不敬にも天皇写真を燃やしたのは美術館だ」という事実への批判です。僕は天皇主義者なので天皇写真の焼却など言語道断に感じます。「平和の少女像」はソウルの日本大使館前の歩道に無許可で設置されたものの新作レプリカですが、作者は同じです。ミニチュア版が２０１２年に東京都美術館の国際交流展で展示されたものの、運営要綱に抵触するとの理由で撤去された、という経緯が背景になっています。

作者は「元慰安婦らが受けた苦痛を表現した」と語っていますが、作品名は「平和の少女像」で、日本批判より平和祈願がモチーフだと示唆します。言葉の説明に意味があるか否かを置くと、作品名を勝手に変え「慰安婦像」と呼ぶのは日本のマスコミと政府だけです。

さて、作品展示についての否定的反応としては、会場での抗議は殆どなく、①電話での抗議、②電話やＦＡＸでの脅迫、③政治家らによる公的補助打切り恫喝《どうかつ》が、ありました。かくて開幕から３日で展示中止になりました。実行委員会と津田芸術監督が中止を決定したものです。

型通り言えば、①抗議は、市民も政治家も自由にやればいい。対応の仕方は芸術家と主催側の問題。②脅迫は、犯罪だから警察が取り締まればいい。怠慢は警察の責任。③政治家による恫喝は、憲法21条（表現の自由）以前に２０１７年に成立した文化芸術基本法に抵触する。

この法律は2001年に成立した文化芸術振興基本法の改正法です。2001年の立法に併せた衆参両委員会での付帯決議をまろやかな表現で書き込んだもの。分かりにくい表現ですが、政治と行政は振興対象の内容に口出しせず多様性を護持しなければならないという内容です。

2017年の法改正の舌の根も乾かぬ内に、内容を理由に補助金カットを仄《ほのめ》かす構えは、昨今の政治家の劣化そのもの。表現の自由という比較的未規定な憲法条文を持ち出すより、法内容が明確な2017年に成立した文化芸術基本法を持ち出して批判する方が有効なはずです。

これも型通り言うと、混乱を理由にした中止声明も問題です。脅迫ゆえの混乱で展示をやめれば脅迫側に成果を与え、今後も同種の脅迫が繰り返されます。警察を総動員して会場警備を厳格化し、主催側は毅然とした態度を貫徹すべきだ、というのが国際標準の構えです。

この標準的構えを破った咎で海外メディアは中止決定に集中砲火を浴びせています。曰く「テロへの屈伏」だと。2015年のシャルリ・エブドへのテロ事件の際も、海外メディアどころか日本の産経新聞まで含めて、「テロに屈するな」という意見表明のオンパレードでした。

脅迫側に理を認めるが如き今回の産経新聞の二枚舌は、政治家に留まらないマスコミの劣化ぶりを示しますが、それはデフォルトなので横に置き、型通りの物言いではカバーしきれない問題があったこと、それについても幾つも有効な対処法を考え得ることを話しします。

小さなことから言えば、首相官邸が脅迫された場合を想像すれば、今回の警察の初動が鈍かった事実は否めません。警察からも、「表現の不自由展・その後」だけ別会場にしてボディチェックを含めて空港警備に準じた体制を敷くなど、様々なアドバイスがあって然るべきです。

より大きなことは、FAX脅迫よりも、10年以上前に手法が広く知られた「電凸《でんとつ》」が職員らを疲弊させたこと。手法の根幹は「弱い環」を狙うこと。スポンサーに不買運動を仄かしたり、行政職員に数十分も電話で見解を糾したり、名前を訊き出してネットに晒したり、です。

これらが違法な脅迫ではないことを強調せねばなりません。左翼の市民運動にとっても抗議電話の集中砲火が基本的手法である事実を思えば、電凸の法規制を望むべきではありません。であれば、主催側で電凸の可能性を想定した対処法を実装しておく必要があります。

今回はそうした実装がなかったけれど、僕が実行委員や芸術監督ならどうするか。まず展示を数日休止します。その間に対処マニュアルを整備して行政職員を研修します。対処マニュアルの中核は職員が行政職員であることに関わる弱点の補完です。具体的に説明しましょう。

行政職員は、自らが公僕である事実を研修されているので(それ自体は当然)、自ら電話を切れず、相手が切るまで長いと1時間も電話に縛り付けられます。その上、情報公開法で名前を明かすことが求められているので、電話で名前を訊かれると多くが名乗ってしまいます。

これらの弱点を突かれないようマニュアルを整備します。第一に、長電話については他の市民の機会を奪うとして5分以上は応対せず、文書の郵送やFAXを求めます。第二に、職員名については混乱防止を理由に、抗議者が窓口に出向いて身元を明かした場合にだけ名乗ります。これらが合法であることは弁護士に確認済みです。加えて、電凸側が音を立てて紙をめくりながらマニュアル通りに喋るので、職員側も紙をめくりながらマニュアル通り応対します。ここで言う職員はトリエンナーレ担当を含めた愛知県職員全体。どの部署にも電凸があり得ます。スポンサーなど関連企業や団体にも、別種の統一マニュアルを用意します。行政職員と違って、電話は切れるし、名乗る必要もないからです。むしろ重点は営業妨害回避にあります。内容の中核は、電凸内容の即刻公開と、支援理由のアナウンス。内外に免疫ができます。

免疫と言いましたが、事前の想定と対処マニュアルがあるだけで、行政職員も企業や団体の職員も、ドッシリ構えられるようになり、市民も事態の構造を掴みやすくなります。こうした広い範囲の研修を最小限実施できた段階で、休止した展示を再開するのです。

こうした対処は、レコード会社が、電気グルーヴ作品の販売や配信を続けることで受けるかもしれない電凸に類する攻撃に、有効に備えるためにも役立ちます。もちろんレコード会社に限らず、全ての行政組織・企業・団体にも役立ちます。今すぐ体制を整備するべきです。

パブリックアートはそもそも問題をはらんでいる

以上の論点はあまりにも自明なので、今さら記さなければならない状況に愕然《がくぜん》とします。ここからの論点が実は本節の中核です。それは「アートがパブリックであることは如何《いか》にして可能か」という論点です。前々節ならびに前節はこの論点を記すための準備に当たります。

復習します。アート（音楽を含む）は娯楽と違い「人の心に傷をつける」のを目的とします。娯楽の目的がリクリエーション（回復）、即ちシャワーを浴びて日常に戻ることにあるとすれば、アートの目的は、それを体験した以上は以前の日常に戻れなくさせることにあります。

ルネサンス以前の欧州では、アート（に後に繋がる営み）は「神のはしため」＝宗教芸術でした。でもルネサンスでギリシャを参照して今日のアートになったのではない。宗教から自由になった後は「貴族のはしため」として肖像画類を描き、見世物としての音楽を提供しました。絵画にも彫刻にも音楽にも、バロックやらゴシックやらいろんなエポックがありましたが、王侯貴族のはしためだった事実に変わりはありません。アート（に後に繋がる営み）がはしためであることをやめたのは、1800年頃、ロマン派（ロマン主義）が誕生して以降のこと。

そこでは再びギリシャが参照され、社会の日常を生きている時には目に入らない（見ようとしない）「社会の外」を露出させて心に傷を残すことが企図されました。それを体験した以上もはや以前の自分には戻れない。人生を変える衝撃を与えることが目的になりました。

それを「社会ではなく世界に触れる」「部分ではなく全体に開かれる」とパラフレーズできます。ドイツの哲学者プレスナーが喝破した如く、ロマン主義とは「部分に全体の現れを見る」営みです。因みに「あなたが世界の全て」という性愛ロマン主義も、同じです。

そうした壮大なビジョン（大言壮語！）を抱えてブローカーが走り回り、一般市民――産業ブルジョアジー――を相手にしたギャラリーや美術館ができました。日常にとっては有害な非日常をいわばゾーニングして展示するために「印がついた囲い」ができたとも言えます。

ここに逆説があります。第二節で触れました。ゾーニングされた「分かる人には分かる」という形。そのことが作品に付加価値を与えます。「部分に全体の現れを見る」ことができる人だけが囲いの中に入る。そこで生まれる特権意識は、むろん「社会の中」の浅ましさです。

その事実をニーチェが意識していましたが、本格的に意識されるのは１９０８年から。浅ましいスノッブを振り切るべく「分かる人」の中にさらに「分かる人」を見つけようとします。文脈を知る人が囲いに入って表現を前に体験したことを、さらに文脈にした表現がなされます。

すると結果として「社会を文脈にしたアート」（社会に寄生するサブ制度）であったものが「アートを文脈にしたアート」、さらには「アートを文脈にしたアート・を文脈にしたアート」という具合に、特定界隈に寄生するサブ制度へと内閉化していく。人呼んで美術館問題です。

社会の外を求めて制度に対抗しようとすると、美術館に親しんでいない人が見て分からないものが美術館に展示され、美術館の制度に埋没する。美術館の制度に対抗しようとして、街頭で描けば、その営み自体がまさに美術館の制度を文脈とした表現になる。果てしない逆説。

界隈の中に界隈を作る果てしない反復は、アーティストが禄《ろく》を食《は》めないほど市場を狭めそうですが、それを、「美術館の制度」やそれと結びついたアーティスト・ブローカー・キュレーター・批評家・収集家の「内輪のコネ」が食い止める——それが現代アートの様態です。

システム理論によれば、システムは「システムの外」を主題化できません。飽くまで「システムの外」についてのシステムの描像(内部表現)があるだけです。その意味で、制度の外は、制度を前提にしたサブ制度で、社会の外は、社会を前提にしたサブ社会でしかありません。

これは矛盾であるよりも、ただの必然です。前節で紹介した現象学の「超越論的」の概念は、そうした必然を名指すものでした。でも、これを矛盾として捉えることから20世紀前半の現代アートが始まります。しかし、矛盾として捉えること自体が、現代アートの矛盾なのです。

だから、反制度や反権威や反美術館としての現代アートは程なく行き詰まります。前節で述べた、学を参照しないアートがショボイものになる典型的な事例です。因みにアートを参照しない学がショボイものになる必然についても、前節で示唆しておきました。

現代アートの行き詰まりを描いたのが映画「ザ・スクエア」(2017年)。戦間期に活動を始めたジャクソン・ポロックが、制度の外に出ようとチャレンジした挙げ句、猿が描いた絵と区別できなくなり、美術館に置かれて辛うじて意味を持ったという「笑い話」がモチーフです。

そこに渡りに船とばかりに出てきたのがパブリックアートの流れ。ルーツは1933年からのニューディール政策です。フランクリン・ルーズベルト政権が、世界恐慌下の失業アーティスト対策として、公共建築物を建てる際に芸術家に壁画や彫刻を制作させたのです。

さらに1959年に、フィラデルフィアで公共事業の1%をアートに振り分ける「パーセントプログラム」が始まります。でも、この段階まではアートの内容についての制約はありませんでした。アーティストの食い扶持《くぶち》を確保すべく行政が予算を使うようになっただけです。

ところが60年代のリベラルな風を受けて、70~80年代にエコロジー運動の気運と結びついて、アメリカ各地で、その地域における自然との共生をモチーフにした「アースワーク」が拡がります。以前と違い、地域の理念を参照していることが、重要です。

社会の外を目指すアートが、地域の理念という社会の中を参照するのは矛盾です。矛盾を象徴する事件が1981年に起きます。リチャード・セラの「傾いた弧」問題。「傾いた弧」はニューヨークの連邦プラザに設置された、傾いていて今にも倒れそうな巨大鉄板アートでした。公園利用者が不安がり、ある判事が反対キャンペーンを始めて撤去運動へと拡がって、セラと依頼者の公共事業局の間の裁判に発展した挙げ句、公共事業局の上位組織である連邦政府が撤去します。アートの文脈とパブリックの文脈の間の乖離《かいり》が顕在化した記念碑的事例です。

アートの目的は「心に傷を残すこと」。だから人を選ぶ。パブリックの目的は「より広い範囲の不特定者に開かれること」。人を選ばない。だから両者の乖離は必然的で、矛盾の顕在化は時間の問題でした。パブリックアートはそもそも概念的に問題含みなのです。

だからといってパブリックに開かないとすれば、また問題です。社会の外（制度の外）を目指すアートは必然的にハイコンテクストになるのでアーティスト・ブローカー・ギャラリー・批評家らのアート界隈に閉じられがちですが、そうしたアート界隈こそ社会の制度だからです。

トリエンナーレは90年代に始まった3年毎《ごと》の地域芸術祭です。アメリカのパブリックアートの動きを摸倣して地域行政の一環として始まり、世界各地に拡がりました。パーセントプログラムなどと違い、「地域に資するアートに行政の予算を支出する」という枠組みです。

当然ながら、近代以降のアートの「人の心に傷を残す」という目的と、地域行政とそれを支える住民からの「地域に相応しいものにせよ」という要求の間に、乖離が生じます。とすれば、人々や地域住民が「受け入れられる形で傷を残していく営み」を模索せねばなりません。

方法は二つ。第一は地域の観客教育です。「日常に溶け込むものにしてくれ」とか「毎日が楽しくなるものにしてくれ」といった要求は、エンターテイメントに対するものではあれ、アートに対してダイレクトになすべきものではありません。アートの伝統に反するからです。

美しいものの鑑賞だけでは、アート体験にはなりません。絵を描いたり見たり、楽器を演奏したり聴いたりするだけでは、アートに触れたことになりません。アートには得体の知れないものや名状し難いものが含まれるべきことが、子供時分から教えられる必要があります。

そうしたアート教育を義務教育で受けた大人がいる地域は日本にはありません。教育を受けて大人になるまで10年かかります。では、今すぐ地域芸術祭を催す場合、どうするか。アートとは何かについての研修を受けることを前提に、観客に展示を見てもらうほかありません。

第二に、アーティストには「なりすまし」が必要です。好例は、偶然にも今回あいちトリエンナーレで上映されたレニ・リーフェンシュタール監督のベルリン五輪の記録映画。ナチスのプロパガンダ映画ですが、プロパガンダ云々《うんぬん》を易々《やすやす》と超えた永遠の傑作であるのは確実です。

政治的プロパガンダが彼女の目的ではない。ナチスから金と機会をもらったからプロパガンダ映画に「なりすました」。パブリックアートでも、金と機会だけもらって、地域の要求に「なりすまして」やりたいことをやればいい。但し稀有な才能が必要ですが。

批評界隈からのサポートも必要です。単に「分かる人には分かる」に甘んじれば、既に紹介した通り、アート界隈の内輪コネクションという制度（を備えた社会）に埋没します。観客教育という意味でもパブリックアートにおける「なりすまし」を知らせるのは大切です。

こうしたパブリックアートの二重性――「パブリック＝開かれること」と「アート＝心に傷をつける（がゆえにゾーニングが必要である）こと」――は、エンターテイメントに分類される作品群にもあります。日本でも人気の高いクリント・イーストウッドの映画作品が好例です。

実話ベースの「ハドソン川の奇跡」（２０１６年）。バードストライクで緊急着水した機長の英雄譚だと受け取られがちですが、見る人が見れば、機長が英雄扱いを不快に感じていた事実が「笑わないこと」で表現され、不条理な社会に適応しない者こそが讃《たた》えられています。

電気グルーヴの件でも、ソニーは一部の人に不快を与えたことだけ謝罪し、「アートには犯罪者の表現であれ許容すべき〝社会の外〟に出る伝統があり、電気グルーヴ作品にアートとしての面がある」と告知すればいい。不快に公共性はなく、ゾーニングで対処すべき問題です。

好きなものを好きと言おう

社会は急速に劣化しています。80年代までのフランスなら既婚男女の半数以上に愛人がいて、愛人との関係を打ち明け合う夫婦も珍しくなかった。ミッテラン大統領が自分の葬式での過去の愛人たちの席順を事前に決めていたことが、讃えられていたのは有名です。

性愛が「社会（例えば婚姻法）の外」にあることが共通了解だった訳です。昨今ではパリの一部街路に「このスカートはあなたを誘惑するために身につけているのではない」というポスターが貼られて街頭ナンパ禁止になり（周辺国に拡大）、かわりに出会い系が流行しています。

90年代半ば以降のグローバル化と過剰流動性を背景に共同身体性と共通感覚が消え、徹底的なゾーニング（ナンパしたいなら出会い系へ！）が図られている訳です。公共性のない不快にゾーニングで対処するのも大切ですが、過剰なゾーニングは社会を見えなくさせます。

社会が見えなくなれば、共同身体性と共通感覚がますます消え、多視座化の可能性が阻まれ、社会の劣化が加速します。90年代半ばからのインターネット化が、見たいものしか見ない過剰ゾーニングと、社会の劣化との、相互強化的な悪循環を加速させています。

共同身体性と共通感覚がコミュニケーションの共通前提を支えます（共同身体性→共通感覚→共通前提という条件づけ関係）。共通前提がないので、何がどう相手に体験されるのか予想困難になり、コミュニケーションが消極的になる——性愛に限らず交友全般に拡がっています。

最近の日本では大学生が三つの話を避けます。①政治の話。②性愛の話。③自分が本当に好きなものについての話。理由は共通です。相手にどう思われるか分からないから。それぞれ政治的無関心・性的退却・蛸壺《たこつぼ》化した趣味の背景です。90年代半ばから拡がりました。

これらは社会の劣化（多視座化の不可能性）を加速させます。祝祭や性愛を「社会の外」として享受することで辛うじて「なりすまして」支えてきた文明＝大規模定住のクソ社会が、「社会の外」の急速な消滅で、外が消去されたクソ壺になり、アートも巻き込まれています。

阿部はりか監督の映画「暁闇」（2019年）には、たまたま知人がスマホを落としたことで知人の好きな音楽が主人公に分かり、「私もそれが好き」と二人が親友になるシーンがあります。自分が本当に好きなものについての話を回避することがそこまで深刻化しているのです。

最近の高校生や大学生はツイッター上で平均5つ以上の裏アカウント（裏垢）を持ちます。

最大の理由は趣味で繋がりたいから。一部はそこにエロ垢や病み垢を含めます。身分証を登録できない未成年がエロ垢や病み垢で不特定の性交相手を求めるのが、オフパコ界隈です。ツイッター社は、エロい自撮りを伴うそうしたツイートを削除したりアカウント凍結（バン）していますが、バンまで数分あれば相手を探せるから有効ではない。出会い系サイト規制法の審議で私が国会参考人として予告した通りです。過剰ゾーニングの帰結です。

共有できるものがないから、オフラインでは自分が好きなものを言わない。言わないから、互いが好きなものの話ができず、空疎な会話しか成立しない。空疎な会話しかないから、新たな知見が得られない。かくて「自分の好きなものが分からない」という若い人が増えています。但し、出発点はインターネットではない。そもそもの背景に、70年代末からの都市の再開発によるジェントリフィケーション（環境浄化）があります。地元の掟を知らない新住民が「法の奴隷」になって安全・安心・便利・快適を主張、共通前提を支えてきた掟が忘れられました。

共通前提不在ゆえの「法の奴隷」化で、祝祭や性愛を通じた無礼講的な「法外のシンクロ」が失われる。すると互いに法外の姿を目撃できないので、互いがどんなヤツなのかを察する機会が消える。すると、コミュニケーションは言外の文脈を欠く「言葉の自動機械」になる。

法の奴隷化・言葉の自動機械化・損得マシン化の背景に、自信の問題もあります。文部科学省が２００９年から２０１１年に行った調査では、「私は価値のある人間だと思う」高校生は、アメリカは89・1％、中国87・7％、韓国75・1％。しかし日本だけは低く36・1％でした。「自分が優秀だと思う」高校生に至っては、アメリカ87・5％、中国67・0％、韓国46・8％に対して日本はわずか15・4％。その他の自己評価に関しても、アメリカや中国や韓国の高校生と比べると、日本の高校生は自分を相当低く評価していることが分かります。

自分に価値がある、自信がある、と思えなければ、自分が思うことに価値があると思えず、口に出せなくなる。口に出せなければ、他人と思いを共有できない。思いを共有する機会がないから、自分の思いに自信を持つ機会が減り、自己価値への信念がなくなる。悪循環です。

もう一つ、好きなものを語るのを警戒する理由に「マウンティングが始まるから」というのもあります。「お前、これ知ってるか？　あれ知ってるか？　知らないのかよ、その程度なら大して好きとは言えないな」といった権力的なやりとり。これを回避したがるのです。

この作法自体は昔からあります。僕が中高生だった昭和にも、好きなものに関して最初はマウンティングから始まりました。但し、別の文脈がありました。マウンティングの後には、知らない方が知っている方に、いわば「弟子入り」するような形で知識が伝授されたのです。

学問の世界もそう。大学院生の間でもマウンティングが始終でした。でも優位劣位が決まった後は、優位側が劣位側に、読むべき本を読む順番まで含めて勧めてくれた。順位が低いことを受け入れた上で、順位が高い人に委ねることで学びが始まった。学びにはいい環境です。

人に委ねるには、委ねを正当化する事由が必要です。儀式的なものでもいい。「こいつにはかなわない」ということを共同主観的に象徴する出来事があれば、その後は全面的に委ねられるようになります。でもそのためにもまずは「敗北を受け入れる」構えが必要です。

アニキ、どうか教えてくれ！　でも昨今の問題は、自信のなさゆえに敗北を受け入れられなくなったこと。僕は70年代末から80年代まで数十もの勉強会に参加しましたが、テーマ毎に劣位の受け入れを前提とした委ねがあり、それゆえに実に深い議論ができた記憶があります。

しかし議論が充分にできたのは80年代半ばまで。というのは、この時期からお互いに気をつかって、相手が不得意そうだなという領域には突っ込まなくなりました。相手に敗北というつらい体験をさせないためにどっちが上か決めない。だから他人行儀で議論が深まらない。

以上の理由で、自分が本当に好きなものを好きだと言えなくなりました。理由の全てが政治的話題や性的話題の回避にも繋がります。これらの回避は深いコミュニケーションを阻害し、コミュニケーションを通じた共通前提の構築を不可能にし、若者から自信を奪います。

これらが馬鹿げたプロセスなのは自明。クズを量産します。まずは、本当に好きなものを好きだと言うことから始めましょう。浅いと指摘されても、単なるマウンティング野郎なら無視。実は教養豊かな相手だったらラッキー。潔く敗北を受け入れ、その人に委ねて学びましょう。

電気グルーヴの署名提出時の会見で大勢集まった記者の中にノートパソコンに電気グルーヴ

のステッカーをつけている人がいて、仲間がいると心強く思いました。彼は好意的な記事を書いてくれました。仲間のリアルな助け合いを信じられることだけがクソ社会の希望です。

目下の状況を放置しておいてアートだけ実りあるコミュニケーションになることがあるはずもない。社会のクソ化や人々のクズ化の手当てなくしてアートの隆盛もない。アートは、社会を観察し、社会の外からの訪れがいずこにあるか見極め、人に示すべきなのです。

おわりに

宮台真司

僕は「神隠し体質」です。小学時代を京都で過ごしましたが、小4からは山科《やましな》にいました。国鉄の北側から見える東の山に「しろいわ」という巨大岩石が見え、一人でよく登りましたが、ある時、友達と「ここから琵琶湖《びわこ》に行こう」と思いつき、山中で何時間も迷いました。

大人になって久米島に旅をした時、鍾乳洞に入っていつものように立入禁止の先に進んだら、足元に白化した炭のようなものが拡がっていました。懐中電灯で照らすと骸骨が一面に堆積していました。昔からの風葬の場所でした。それで僕はトランスに陥りました。

その晩ふらついていると街灯のない真っ暗な先に光が見えました。近づくと20m四方ほどの小さな祭場で十数人の男女が円陣でエイサーを踊り、ほぼ同数の地元の人が囲んでいました。「内地の人ですか」「はい、まずいですか」「いえ、御一緒に」。夢の時間を過ごしました。

プーケットに夏の旅をした時、何も調べなかったので雨期の真っ最中でした。地元のガイドに電話して泳げる場所に案内しろと頼んだら、地元の屈強な刺青《いれずみ》男たちが数人乗ったモーターボートでラグーンに連れていかれたのですが、その時は死ぬかもしれないなと思いました。

５ｍ以上はある高波の間を縫って高速で進むのですが、時々高波の上に昇って数ｍ落下します。肝試しなのか地元の刺青男たちは裸になって仁王立ちしています。長い時間が過ぎてラグーン（数年後にピピ島だと分かりました）に着いて、浮輪で浮かんでいたら熱中症になりました。

そんな神隠し体質＝感染体質が、僕の学問を方向づけました。すごい人に感染して教養を身につける。極左（ブント主義）の廣松渉先生と極右（天皇主義）の小室直樹先生に感染して師事。読書ではチョムスキーとルーマンに私淑、寝ても覚めても彼らの本を読んでいました。

小説家夢野久作にハマることで知った日本最初の民間右翼団体玄洋社の創設者・頭山満《とうやまみつる》（久作の父杉山茂丸が一時期側近）は、こいつはスゴイ奴だと見込んだら、右か左か自由主義者か中国人かに拘《かか》わらず食客《しょっかく》にして衣食住を支援しました。孫文を匿《かくま》ったことでも知られています。

これだな、と思いました。イデオロギーに関係なくスゴイ奴はスゴイ。スゴイ奴同士がイデオロギーを越えて連帯する。廣松渉も小室直樹もチョムスキーもルーマンもスゴイとしか言えない「この世ならぬ存在」。圧倒されましたが、圧倒されて終わりではありませんでした。

話し方から歩き方まで真似ました。そう、ミメーシス＝感染的摸倣です。それゆえに猛勉強しました。「感染的摸倣」の翻訳は90年代に教育関連の文を書いていた時に思いつきました。競争動機でも理解動機でもなく感染動機。能動ではなく中動。絶対的な享楽の時空。

競争動機や理解動機は、所詮は能動で、相対時空。感染動機は、中動（委ねへの開かれ＝受動的能動）で、絶対時空。同じ時期、一水会代表だった鈴木邦男兄の本を読んで情動の連鎖が右と左の垣根を越えるとの記述に出会い、感染しました。鈴木兄の本の解説も書きました。

塩見孝也が首謀したよど号事件（左）・に感染した「楯《たて》の会」三島由紀夫の自決（右）・に感染した反日武装戦線「狼《おおかみ》」のテロ（左）・に感染した「憂国道志会」野村秋介の経団連事件（右）。日本の「意気に感じる」情動連鎖の伝統を擁護するのが真右翼＝新右翼なのだと――。

同時期に、相対的な快楽ならぬ絶対的な享楽を擁護する初期ギリシャの伝統に再会して語彙を獲得し（『サイファ　覚醒せよ！』〈筑摩書房、2000年〉に結実）、直後にやはり絶対的な享楽の抑圧が諸悪の根源だと見るジャック・ラカンの精神分析学に出会って語彙を獲得しました。

自発性ならぬ内発性。損得勘定ならぬ内から湧く力。力（圧伏）ならぬ美（感染）。美（見掛けの美しさ）ならぬ美学（醜く見えるものの美）。獲得した語彙を映画批評本で頻用しています。かくて当然ながら後項から前項への逆行という意味での「社会と人の劣化」を見出します。

分かりやすいのは、ニセモノかホンモノか、ヘタレか本気か。反韓流デモのリーダーがデモで彼女を見つけた途端リタイアして一挙にデモが萎《しぼ》んだ笑い話。余命3年ブログに煽られて親韓と見做された弁護士らを攻撃した連中が、訴訟を起こされたら泣きを入れて平伏した笑い話。

この連中の特徴は、所属団体がコロコロ変わったり、あっさり辞めたり。ネトウヨ翼賛からしばき隊翼賛へ。人権団体リーダーからネトウヨ団体リーダーへ。どこに本気があるのか。あるのは単なる居場所です。居心地が悪くなると、居心地のいい別の居場所にコロコロと。

僕は1989年に数理社会学に区分される『権力の予期理論』で博士学位を取得後、対米従属を前提とした護憲左翼も改憲右翼も戦前基準から言えば売国に過ぎないとして、重武装中立を主張し、90年代半ばからは北一輝に近い意味での天皇主義を標榜《ひょうぼう》し続けています。

コロコロ系や居場所系といった言葉をゼミで使いますが、日本のイデオロギー団体の大半が居場所系の巣窟だというのが僕の診断です。居場所系という言葉は1979年から使っていますが、きっかけは、東大駒場キャンパスで反原理共闘に加わり、「脱会」の支援をしたこと。

地方の優等生が東大合格で上京する。右も左も分からない。麻布出身者のような遊びや音楽の達人に出会って勉強田吾作《たごさく》の自尊心が傷つく。孤独と傷心を抱えていると週末の鍋パーティーに誘われる。やがて家族みたいな居場所になる。すると、今度勉強の合宿があると誘われる。

鍋パーティーに誘ったのがカルト団体Aであればカルト団体Aに、セクト団体Bであればセクト団体Bに、右翼団体Cであれば右翼団体Cに入る。居場所を定めた「後から」イデオロギーを学び、自称イデオロギーの徒に。今の安倍晋三首相を含めて、全てが似たようなもの。

本文でも書きましたが、居場所系は所詮は自意識系で、自意識系は所詮は損得マシンです。たまたま所属した集団内でのポジション取りにさもしくアクセクします。何かというとマウンティングしたがるコントロール系です。だからフュージョン系と違って一様に性愛が貧困です。彼らは初期ギリシャに耽溺した三島由紀夫がいう美学的な意味で醜い存在です。彼らは初期ギリシャ的な意味で「社会の中」に閉ざされています。条理が通用しない「社会の外」への開かれがなく、ゆえに「デタラメな世界」が社会を貫徹するのも知らないまま、一人寂しく死ぬ。初期ギリシャではヘタレならぬ本気の存在を英雄と呼びます。それによるとヘタレはif-thenの条件プログラムに従います。だから、救われるならばと戒律に従う。本気の存在は条件プログラムを拒絶し、不条理で理不尽な世界にそのまま身を開いて進みます（『サイファ』）。

だから英雄はミメーシス＝感染的摸倣を生じさせます（三島由紀夫）。戒律や思想を越え、意気に感じた者たちが後に続きます（鈴木邦男）。歴史的経緯は本文に譲りますが、アートはこの初期ギリシャを手本として「宗教からの自由」だけでなく「社会からの自由」を追求します。

送り手であれ、受け手であれ、継ぎ手であれ、今のアート界隈にこうしたアートの伝統的な本義を弁えた者がどれだけいるのか。電気グルーヴ作品の販売や配信の停止措置や、あいちトリエンナーレの「炎上」のニュースを聴いて、一瞬後に抱いたのが、そうした疑問でした。

デキシーランドからビバップやモードを経てフリージャズに至る流れも、ジャズからロックンロールを経てロックからプログレに至る流れも、戦後歌謡からスター歌謡を経てアイドル歌謡に至る流れも、短期間での目まぐるしい変遷でしたが、当事者が本気だったからでしょう。

僕は中学時代からプログレのマニアで、ドラムスも叩きます。プログレは60年代にピアノやバイオリンなどクラシックを叩き込まれた白人の中流や日本の中流の文化資本（ブルデュー）のなせるワザですが、プログレの誕生から崩壊までの流れは本気の者たちの格闘でした。売れる売れないの損得勘定を越えた、これはホンモノではないという違和感をベースにした追求。日本では音楽だけではなく、映画や漫画やアダルト映像にまでそうした追求と格闘がありましたが、それを記したのが『サブカルチャー神話解体』（ＰＡＲＣＯ出版、１９９３年）でした。

そこに記した通り、そうした本気の営みは１９９２年に急に減衰しました。僕はそれを「アウラの喪失」と呼びます。アウラとは神性降臨 advent of divinity に因んだベンヤミンの概念で、目の前にあるものではなく、そこに降りているものに反応することです。

92年のエポックを列挙します。第一がカラオケボックスブーム。歌詞や楽曲の世界観に耽溺する聴き方が廃れ、ＣＭやドラマの誰もが知るタイアップソングの「歌えば拍手」の盛り上がり、つまりコミュニケーションツールに頽落し、蘊蓄《うんちく》系がウザがられるようになります。

第二がエロ本の「字ものから絵ものへ」。当時の投稿写真誌の編集長が92年の読者の変化を証言します。従来は写真に投稿子が付した説明で状況を想像できることが求められていたのが、長い説明はウザイからキャプションだけにして写真の面積を増やせという要求に変わります。

第三がアダルトビデオの「単体ものから企画ものへ」。それまではピンで主役を張れる女優が求められ、1本100万円のギャラでしたが、素人っぽい女子がフェチ的な欲望を満たしてくれればいい、抜けるシーンが満載なのがいい、となって、ギャラも10分の1以下になります。

第四が単独売春の「不良の営みから普通の子の援助交際へ」。僕が「朝日新聞」に紹介したのを機にブームになる1993年の、1年前から援助交際が始まりますが、売る子には物語がなくなり、買い手は単に制服などの記号に欲情するようになります。

総じて、眼前のモノを通して想像できるコトに反応していたのが、眼前のモノそれ自体に反応する形に変わります。深さを欠く「いま・ここ」の表層だけを享受するのです。要は「目の前にあるものでなく、そこに降りているものに反応する」アウラの享受が、廃れたのです。

その後、ゼロ年代からのiPhone化、つまりスマホにダウンロードした（今はクラウドからスマホでストリームできる）アーカイブスから気分次第で好きなものを聴く動きが、作品や表現者の歴史に関わる時間感覚を奪い、「いま・ここ」の表層を享受する動きに拍車がかかりました。

大学の講義では、作品に即して1992年から10年間の変化を詳述しますが、一口で言えば、表層化（文脈の消去）によって本気で聴く人が減った分、作者にも作品にも過剰さ（文脈の豊かさ）が求められなくなり、作者も作品もそれに適応して「ほどよい」ものに頽落するのでした。

若者の人間関係にも同じ変化が少し遅れて並行します。援交ピークの1996年以降、性愛が過剰なものとして忌避されはじめ、性的退却に繋がります。少し遅れてオタク界隈でも蘊蓄競争が過剰なものとして忌避され、オタクの交流がコミュニカティブなものへと変わります。

性愛界隈でもオタク界隈でも、行為に乗り出す営みが消えて、体験するだけの営みへと一元化します。送り手が消えて受け手だけになった（浅羽通明）。こうした変化を受けたせいでオタク界隈ではワンフェスことワンダーフェスティバルもいっとき中断されます（岡田斗司夫）。

社会システム理論の研究者として言うと、社会システムは相互連関する動的全体です。局所だけ変わることはなく、少しラグを挟んで全域が変わります。こうした１９９２年からの全域的変化の中に、その3年前にデビューした電気グルーヴを、置いて捉えるべきです。

僕は70年代半ばに高校生、80年をまたいだ4年間に大学生だった世代なので、プログレやフュージョンほどには電気グルーヴにはハマってはいません。でも彼らがプログレやフュージョンに遜色なく本気だったことは疑いなく、実際に日本での一ジャンルの創始者になりました。

実際「歌えば拍手・歌えば拍手」の盛り上がりの90年代に抗って、電気グルーヴのマニア界隈にはディープでドープな佇《たたず》まいがありました。ライブを含めて高いエンターテイメント性があっただけでなく、社会の流れの外を指し示すアートだった事実にも疑いがありません。

その証拠に、電気グルーヴの音楽を聴いて人生が変わった、傷をつけられて元の人生に戻れなくなったという人がたくさんいます。90年代に入ってしばらくして電気グルーヴの音楽を音源もしくはライブで聴いて感染した人も少なくない。永田さんやかがりさんもそう。

70年代末に郊外から始まったジェントリフィケーションの動きを受けて、90年代半ばから過剰さが忌避され、街から微熱感が失われ、援交やストリートのブームも終わります。クズ（言葉の自動機械・法の奴隷・損得マシン）が増え、言外・法外のシンクロが消えます。

今では、社会に――言葉や法や損得に――閉じ込められたクズが増殖し、感染がさらに生じにくくなっています。本文で述べたように、感染がなくなれば、真の学問動機も、真の表現動機も、真の性愛動機も失われます。だから、僕はあらゆる「感染を阻害するもの」を憎みます。だから、電気グルーヴ作品の販売・配信の停止直後にこの措置をラジオで強く批判し、永田さんやかがりさんの署名活動にも最初期から賛同を表明しました。あいちトリエンナーレの「表現の不自由展・その後」騒動にも早い段階から新聞などで意見表明してきました。

この本は三人の共著で一人分は短い。僕の担当部分も原稿用紙150枚。でも第一章で自粛がはびこる背景を摘抉《てっけつ》した永田夏来さん、第二章で自粛の歴史を詳述したかがりはるきさんに続き、第三章ではアートを軸に、クソ社会の問題点とそれに抗うための術《すべ》を明示しました。

僕は原発そのものよりも「原発をやめられない社会」をやめようと呼び掛けてきました。この本も同じ。電気グルーヴ作品の販売・配信停止の措置そのものよりも「そうした措置をやめられない社会」をやめようと呼び掛けるものです。電気グルーヴに関心がなくても構いません。

この本を最後まで読んだ皆さんなら、本書を指針に、クズ（言葉の自動機械・法の奴隷・損得マシン）になる人間や、クソになる（社会の外を消去する）社会に抗って、仲間と生き抜くことができるでしょう。もう怯《おび》えずに、好きなものを好きだと言えるようになるはずです。

2002/10	西川隆宏 ②	暴行、覚せい剤取締法違反 懲役1年6月、執行猶予3年	その前の2002年3月にドリカムを脱退していた
不明 (2003/1頃)	岡村靖幸 ①	覚せい剤取締法違反 懲役2年、執行猶予3年	石野卓球とのユニットの新作が発売延期 2003年8月 「ROCK IN JAPAN FESTIVAL」に出演して復帰
2004/5	清水健太郎 ④	覚せい剤取締法違反 【実刑】懲役2年4月	2007年3月復帰(謹慎1027日)
2005/5	岡村靖幸 ②	覚せい剤取締法違反 【実刑】懲役1年6月	2007年3月、ライブで復帰
2008/2	岡村靖幸 ③	覚せい剤取締法違反 【実刑】懲役2年	2011年5月、ライブ出演を発表 (謹慎863日) 同年8月、アルバム「エチケット」で復帰
2008/11	小室哲哉	詐欺容疑 懲役3年、執行猶予5年	globeシングル発売中止・ネット配信停止 2009年8月、フェス「a-nation」に出演して復帰(謹慎291日)
2009/2	鈴木茂	大麻取締法違反 懲役6月、執行猶予3年	過去の関連作品が出荷停止 2009年9月、遠藤賢司のアルバムに参加して復帰(謹慎204日)
2009/8	押尾学	麻薬取締法違反、 保護責任者遺棄致死罪 【実刑】懲役2年6月	2016年1月、自身の率いるバンドLIVのライブに出演して復帰(謹慎2364日)
2009/8	酒井法子	覚せい剤取締法違反 懲役1年6月、執行猶予3年	主題歌ナレーションの2000年映画『ピチューとピカチュウ』再販中止(現在も継続) 2010年12月、舞台で復帰(謹慎482日)
2010/8	清水健太郎 ⑤	覚せい剤取締法違反 【実刑】懲役1年10月	
2014/5	ASKA	覚せい剤取締法違反 他 懲役3年、執行猶予4年	関連作品の販売中止など多岐にわたる (詳細は本文にて)
2015/3	高野政所	大麻取締法違反 懲役6月、執行猶予3年	作品の出荷・配信停止(現在も継続) 2016年3月、クラブイベントに出演して復帰 (謹慎389日)
2019/3	ピエール瀧	麻薬取締法違反 懲役1年6月、執行猶予3年	作品の出荷・配信停止、事務所解雇 (詳細は本文にて)
2019/5	田口淳之介	大麻取締法違反 懲役6月、執行猶予2年	作品の出荷・配信停止
2019/7	KenKen	大麻取締法違反 懲役6月、執行猶予3年	作品の出荷・配信停止 Dragon Ashから離脱
2019/7	JESSE	大麻取締法違反 懲役2年、執行猶予3年	作品の出荷・配信停止
2019/11	鎮座DOPENESS	大麻取締法違反 判決不明	イベントの出演キャンセル (作品の出荷・配信停止等は無し)
2019/11	沢尻エリカ	麻薬取締法違反 懲役1年6月、執行猶予3年	作品の出荷・配信停止
2020/2	槇原敬之 ②	覚せい剤取締法違反・ 医薬品医療機器法違反 2020年3月4日、起訴	新譜の発売延期 (作品の出荷・配信停止は無し)

音楽自粛小史

作成・かがりはるき

逮捕年月	名前	容疑・判決等	影響・復帰
1970/12	ミッキー吉野 ①	大麻取締法違反	ザ・ゴールデン・カップスを脱退
1973/5	吉田拓郎	婦女暴行致傷 不起訴（被害者の狂言）	釈放の翌日にライブ 一部のCM自粛、ラジオ冠番組打ち切り
1976/5	克美しげる	殺人 【実刑】懲役10年	最新シングル「おもいやり」発売中止
1977/8	ジョー山中	大麻取締法違反 懲役2年、執行猶予3年	逮捕当日に発売された「人間の証明のテーマ」が50万枚以上のヒット
1977/9	井上陽水	大麻取締法違反 懲役8月、執行猶予2年	1978年7月にアルバム「white」で復帰（謹慎318日）
1977/10	桑名正博 ①	麻薬取締法違反 懲役2年、執行猶予3年	1978年7月に復帰（謹慎266日）
1977/10	美川憲一 ①	大麻取締法違反 起訴猶予	1978年3月にシングル「小雨のブルース」で復帰
1981/9	桑名正博 ②	強制わいせつ致傷 不起訴（示談）	1981年11月に復帰（謹慎53日）
1981/12	桑名正博 ③	大麻取締法違反	1983年にアルバム「ウーマニアック」で復帰
1983/4	清水健太郎 ①	大麻取締法違反 起訴猶予	1983年9月、映画で復帰
1984/8月	美川憲一 ②	大麻取締法違反 懲役1年6月、執行猶予3年	1985年7月
1986/11	清水健太郎 ②	大麻取締法違反 懲役1年、執行猶予4年	
1987/12	尾崎豊	覚せい剤取締法違反 懲役1年6月、執行猶予3年	1988年1月予定の武道館公演中止 1988年6月にシングル「太陽の破片」で復帰（謹慎182日）
1989/4	今井寿 （BUCK-TICK）	麻薬取締法違反 懲役6月、執行猶予3年	ツアー中止、メンバー全員半年間謹慎 1989年12月に東京ドーム「バクチク現象」で復帰（謹慎252日）
1992/6	ミッキー吉野 ②	覚せい剤取締法違反 懲役1年6月、執行猶予3年	
1994/10	清水健太郎 ③	大麻取締法違反、 覚せい剤取締法違反 【実刑】懲役1年6月	
1995/1	長渕剛	大麻取締法違反 起訴猶予	1995年10月にシングル「友よ」で復帰
1996/8	西川隆宏 （DREAMS COME TRUE）①	交通事故	ドリカムのライブに2カ月間不参加 （謹慎63日）
1997/2	sakura （L'Arc～en～Ciel）	覚せい剤取締法違反 懲役2年、執行猶予3年	旧譜の出荷停止、シングル発売中止 本人は脱退後、1998年10月に別のバンドで復帰（謹慎608日）
1999/8	槇原敬之 ①	覚せい剤取締法違反 懲役1年6月、執行猶予3年	旧譜の回収、出荷停止 2000年11月に復帰（謹慎460日）

図版作成／ＭＯＴＨＥＲ
ＪＡＳＲＡＣ 出 ２０００２４３０‐００１

宮台真司（みやだい しんじ）

一九五九年、宮城県生まれ。社会学者。東京都立大学教授。東京大学大学院社会学研究科博士課程修了（社会学博士）。著書多数。

永田夏来（ながた なつき）

一九七三年、長崎県生まれ。社会学者。兵庫教育大学大学院准教授。早稲田大学で博士（人間科学）を取得。専門は家族社会学。

かがりはるき

音楽研究家。ブログやSNSを拠点に研究・調査等を行っている。

音《おん》楽《がく》が聴《き》けなくなる日《ひ》

二〇二〇年五月二〇日 第一刷発行

集英社新書一〇二三F

著者……宮台真司《みやだいしんじ》／永田夏来《ながたなつき》／かがりはるき

発行者……茨木政彦

発行所……株式会社集英社

東京都千代田区一ツ橋二-五-一〇　郵便番号一〇一-八〇五〇

電話　〇三-三二三〇-六三九一（編集部）
〇三-三二三〇-六〇八〇（読者係）
〇三-三二三〇-六三九三（販売部）書店専用

装幀……原 研哉

印刷所……大日本印刷株式会社　凸版印刷株式会社

製本所……ナショナル製本協同組合

定価はカバーに表示してあります。

ISBN 978-4-08-721123-8 C0273

a pilot of wisdom

集英社新書　好評既刊

文芸・芸術――F

天才アラーキー　写真ノ時間	荒木経惟
プルーストを読む	鈴木道彦
フランス映画史の誘惑	中条省平
ピカソ	瀬木慎一
超ブルーノート入門　完結編	中山康樹
余白の美　酒井田柿右衛門	十四代酒井田柿右衛門
日本の古代語を探る	西郷信綱
必笑小咄《こばなし》のテクニック	米原万里
小説家が読むドストエフスキー	加賀乙彦
喜劇の手法　笑いのしくみを探る	喜志哲雄
米原万里の「愛の法則」	米原万里
官能小説の奥義	永田守弘
日本人のことば	粟津則雄
現代アート、超入門！	藤田令伊
俺のロック・ステディ	花村萬月
マイルス・デイヴィス　青の時代	中山康樹
現代アートを買おう！	宮津大輔
小説家という職業	森　博嗣
美術館をめぐる対話	西沢立衛
音楽で人は輝く	樋口裕一
オーケストラ大国アメリカ	山田真一
証言　日中映画人交流	劉　文兵
荒木飛呂彦の奇妙なホラー映画論	荒木飛呂彦
耳を澄ませば世界は広がる	川畠成道
あなたは誰？　私はここにいる	姜　尚中
素晴らしき哉、フランク・キャプラ	井上篤夫
フェルメール　静けさの謎を解く	藤田令伊
司馬遼太郎の幻想ロマン	磯貝勝太郎
ＧＡＮＴＺなＳＦ映画論	奥　浩哉
池波正太郎「自前」の思想	佐高　信／田中優子
世界文学を継ぐ者たち	早川敦子
あの日からの建築	伊東豊雄
至高の日本ジャズ全史	相倉久人

a pilot of wisdom

- ギュンター・グラス「渦中」の文学者　依岡隆児
- キュレーション 知と感性を揺さぶる力　長谷川祐子
- 荒木飛呂彦の超偏愛！映画の掟　荒木飛呂彦
- 水玉の履歴書　草間彌生
- ちばてつやが語る「ちばてつや」　ちばてつや
- 書物の達人 丸谷才一　菅野昭正・編
- 原節子、号泣す　末延芳晴
- 日本映画史110年　四方田犬彦
- 読書狂《ビブリオマニア》の冒険は終わらない！　三上延 倉田英之
- 文豪と京の「庭」「桜」　海野泰男
- アート鑑賞、超入門！ 7つの視点　藤田令伊
- なぜ『三四郎』は悲恋に終わるのか　石原千秋
- 荒木飛呂彦の漫画術　荒木飛呂彦
- 盗作の言語学 表現のオリジナリティーを考える　今野真二
- 世阿弥の世界　増田正造
- ヤマザキマリの偏愛ルネサンス美術論　ヤマザキマリ
- テロと文学 9・11後のアメリカと世界　上岡伸雄

- 漱石のことば　姜尚中
- 「建築」で日本を変える　伊東豊雄
- 子規と漱石 友情が育んだ写実の近代　小森陽一
- 安吾のことば「正直に生き抜く」ためのヒント　藤沢周 編
- いちまいの絵 生きているうちに見るべき名画　原田マハ
- 松本清張「隠蔽と暴露」の作家　高橋敏夫
- 私が愛した映画たち　吉永小百合 取材・構成 立花珠樹
- タンゴと日本人　生明俊雄
- 源氏物語を反体制文学として読んでみる　三田誠広
- 堀田善衞を読む 世界を知り抜くための羅針盤　池澤夏樹ほか
- 三島由紀夫 ふたつの謎　大澤真幸
- 慶應義塾文学科教授 永井荷風　末延芳晴
- レオナルド・ダ・ヴィンチ ミラノ宮廷のエンターテイナー　斎藤泰弘
- モーツァルトは「アマデウス」ではない　石井宏
- 「井上ひさし」を読む 人生を肯定するまなざし　小森陽一 成田龍一 編著
- 百田尚樹をぜんぶ読む　杉田俊介 藤田直哉
- 北澤楽天と岡本一平 日本漫画の二人の祖　竹内一郎

a pilot of wisdom

マンションは日本人を幸せにするか　榊 淳司
敗者の想像力　加藤典洋
人間の居場所　田原 牧
いとも優雅な意地悪の教本　橋本 治
世界のタブー　阿門 禮
明治維新150年を考える ――「本と新聞の大学」講義録　一色 清／姜 尚中 ほか
「富士そば」は、なぜアルバイトにボーナスを出すのか　丹 道夫
男と女の理不尽な愉しみ　林 真理子／壇 蜜
欲望する「ことば」「社会記号」とマーケティング　嶋 浩一郎／松井 剛
ぼくたちはこの国をこんなふうに愛することに決めた　高橋源一郎
ペンの力　浅田 次郎／吉岡 忍
「東北のハワイ」は、なぜV字回復したのか スパリゾートハワイアンズの奇跡　清水一利
村の酒屋を復活させる 田沢ワイン村の挑戦　玉村豊男
デジタル・ポピュリズム 操作される世論と民主主義　福田直子
戦後と災後の間――溶融するメディアと社会　吉見俊哉
「定年後」はお寺が居場所　星野 哲
ルポ 漂流する民主主義　真鍋弘樹

ルポ ひきこもり未満　池上正樹
中国人のこころ 「ことば」からみる思考と感覚　小野秀樹
わかりやすさの罠 池上流「知る力」の鍛え方　池上 彰
メディアは誰のものか――「本と新聞の大学」講義録　一色 清／姜 尚中 ほか
京大的アホがなぜ必要か　酒井 敏
天井のない監獄 ガザの声を聴け！　清田明宏
限界のタワーマンション　榊 淳司
日本人は「やめる練習」がたりてない　野本響子
俺たちはどう生きるか　大竹まこと
「他者」の起源 ノーベル賞作家のハーバード連続講演録　トニ・モリスン
言い訳 関東芸人はなぜM-1で勝てないのか　ナイツ塙 宣之
自己検証・危険地報道　安田純平 ほか
都市は文化《アート》でよみがえる　大林剛郎
「言葉」が暴走する時代の処世術　太田 光／山極寿一
性風俗シングルマザー　坂爪真吾
美意識の値段　山口 桂
ストライキ2.0 ブラック企業と闘う武器　今野晴貴

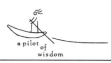

集英社新書　好評既刊

哲学・思想――C

日本の行く道　橋本　治
「世逃げ」のすすめ　ひろさちや
悩む力　姜尚中
夫婦の格式　橋田壽賀子
神と仏の風景「こころの道」　廣川勝美
無の道を生きる――禅の辻説法　有馬頼底
新左翼とロスジェネ　鈴木英生
虚人のすすめ　康芳夫
自由をつくる 自在に生きる　森博嗣
創るセンス 工作の思考　森博嗣
天皇とアメリカ　吉見俊哉　テッサ・モーリス-スズキ
努力しない生き方　桜井章一
いい人ぶらずに生きてみよう　千玄室
不幸になる生き方　勝間和代
生きるチカラ　植島啓司
韓国人の作法　金栄勲
強く生きるために読む古典　岡敦
自分探しと楽しさについて　森博嗣
人生はうしろ向きに　南條竹則
日本の大転換　中沢新一
空《くう》の智慧、科学のこころ　ダライ・ラマ十四世　茂木健一郎
小さな「悟り」を積み重ねる　アルボムッレ・スマナサーラ
科学と宗教と死　加賀乙彦
犠牲のシステム 福島・沖縄　高橋哲哉
気の持ちようの幸福論　小島慶子
日本の聖地ベスト100　植島啓司
続・悩む力　姜尚中
心を癒す言葉の花束　アルフォンス・デーケン
自分を抱きしめてあげたい日に　落合恵子
その未来はどうなの?　橋本治
荒天の武学　内田樹　光岡英稔
武術と医術 人を活かすメソッド　甲野善紀　小池弘人
不安が力になる　ジョン・キム

a pilot of wisdom

冷泉家 八〇〇年の「守る力」　冷泉貴実子
世界と闘う「読書術」 思想を鍛える一〇〇〇冊　佐高信／佐藤優
心の力　姜尚中
一神教と国家 イスラーム、キリスト教、ユダヤ教　内田樹／中田考
伝える極意　長井鞠子
それでも僕は前を向く　大橋巨泉
体を使って心をおさめる 修験道入門　田中利典
百歳の力　篠田桃紅
釈迦とイエス 真理は一つ　三田誠広
ブッダをたずねて 仏教二五〇〇年の歴史　立川武蔵
イスラーム 生と死と聖戦　中田考
「おっぱい」は好きなだけ吸うがいい　加島祥造
アウトサイダーの幸福論　ロバート・ハリス
科学の危機　金森修
出家的人生のすすめ　佐々木閑
科学者は戦争で何をしたか　益川敏英
悪の力　姜尚中

生存教室 ディストピアを生き抜くために　内田樹／光岡英稔
ルバイヤートの謎 ペルシア詩が誘う考古の世界　金子民雄
感情で釣られる人々 なぜ理性は負け続けるのか　堀内進之介
永六輔の伝言 僕が愛した「芸と反骨」　矢崎泰久・編
淡々と生きる 100歳プロゴルファーの人生哲学　内田棟
若者よ、猛省しなさい　下重暁子
イスラーム入門 文明の共存を考えるための99の扉　中田考
ダメなときほど「言葉」を磨こう　萩本欽一
ゾーンの入り方　室伏広治
人工知能時代を〈善く生きる〉技術　堀内進之介
究極の選択　桜井章一
母の教え 10年後の『悩む力』　姜尚中
一神教と戦争　橋爪大三郎／中田考
善く死ぬための身体論　内田樹／成瀬雅春
世界が変わる「視点」の見つけ方　佐藤可士和
いま、なぜ魯迅か　佐高信
人生にとって挫折とは何か　下重暁子

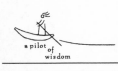